Le crépuscule des petits dieux

DU MÊME AUTEUR

chez Grasset :

LA MACHINE ÉGALITAIRE, 1987.
LA GRANDE ILLUSION, 1989.
L'ARGENT FOU, 1990.
LA VENGEANCE DES NATIONS, 1991.
FRANÇAIS, SI VOUS OSIEZ, 1991.
LE MÉDIA-CHOC, 1993.
WWW.CAPITALISME.FR, 2000.
ÉPÎTRES À NOS NOUVEAUX MAÎTRES, 2003.
LES PROPHÈTES DU BONHEUR. Une histoire personnelle de la pensée économique, 2004.
CE MONDE QUI VIENT, 2004.

chez d'autres éditeurs :

L'INFORMATISATION DE LA SOCIÉTÉ, *avec Simon Nora,* Le Seuil, 1978.
L'APRÈS-CRISE EST COMMENCÉ, Gallimard, 1982.
L'AVENIR EN FACE, Le Seuil, 1984.
LE SYNDROME FINLANDAIS, Le Seuil, 1986.
LE NOUVEAU MOYEN ÂGE, Gallimard, 1993.
CONTREPOINTS. *recueil d'articles,* Le Livre de poche, 1993.
DEUX FRANCE, Plon, 1994.
LA FRANCE DE L'AN 2000, Odile Jacob, 1994.
L'IVRESSE DÉMOCRATIQUE, Gallimard, 1994.
ANTIPORTRAITS, Gallimard, 1995.
LA MONDIALISATION HEUREUSE, Plon, 1997.
LOUIS-NAPOLÉON REVISITÉ, Gallimard, 1997.
AU NOM DE LA LOI, Gallimard, 1998.
SPINOZA, *un roman juif*, Gallimard, 1999.
LE FRACAS DU MONDE : JOURNAL DE L'ANNÉE 2001, Le Seuil, 2002.
JE PERSISTE ET JE SIGNE, CONTREPOINTS II, *recueil d'articles*, Le Livre de poche, 2002.

Alain Minc

Le crépuscule des petits dieux

BERNARD GRASSET
PARIS

INTRODUCTION

Etrange paradoxe, le fils d'immigré, le produit caricatural de l'élitisme républicain que je suis, ressent aujourd'hui ce que devaient éprouver dans les années mille sept cent quatre-vingt les Turgot, Condorcet, Malesherbes et d'autres moins notoires : la certitude d'appartenir à une aristocratie condamnée. Mais, alors qu'eux voyaient poindre à l'horizon leurs successeurs avec l'émergence de la bourgeoisie, nous ne connaissons pas nos propres héritiers. Nous n'en aurons probablement pas : une élite n'est pas en train de se substituer à une autre avec ses propres codes, ses processus de recrutement, ses modes de reconnaissance. C'est en effet à la mort des élites que nous assistons, ou, plus prosaïquement, à la disparition de la classe dominante, telle que Marx l'avait mise en scène : la communauté se dissout, qui réunissait les détenteurs de tous les pouvoirs, politique, économique, intellectuel et les faisait agir de conserve. Leurs intérêts les rapprochaient, mais aussi une idéologie, une vision du monde : ce pouvait être un « complot d'intérêt général », comme la construction européenne, au même titre que la défense prosaïque de leurs intérêts de classe.

Aux yeux de ceux, de plus en plus nombreux, que meut la haine des élites, proclamer leur mort est évidemment une provocation. Sans doute verront-ils dans une telle affirmation un leurre de ma part destiné à conforter davantage encore notre omnipotence ou une habileté supplémentaire, camouflant un nouveau stratagème de pouvoir. Le populisme n'a jamais été aussi triomphant et son marqueur idéologique demeure, aujourd'hui plus encore qu'hier, la violence à l'égard de ceux d'« en haut ». Les apparences jouent en ce sens : a-t-on déjà connu une telle ostentation de l'argent, une telle arrogance de la notoriété, une telle jouissance des nantis ? La société médiatique se complaît à mettre en scène les beaux, les riches, les puissants et donc à cristalliser à leur endroit un mélange indissociable d'hostilité et de fascination, encore plus explosif qu'autrefois. Mais la notoriété n'est pas synonyme de pouvoir, l'apparence d'influence, l'ostentation de domination.

Les élites ne meurent pas parce qu'elles sont haïes. Elles, qui ont résisté à la plupart des révolutions, ne disparaissent pas davantage sous l'effet d'un coup de baguette magique. Ce sont de lents mouvements de la société, des déplacements de la tectonique sociale, qui expliquent leur évanouissement mais aussi – n'en déplaise au goût modéré qu'ont les dirigeants pour l'autocritique – leurs défaillances collectives, leurs faux pas, leur incapacité grandissante à assumer leurs devoirs aussi aisément qu'elles tirent sur leurs droits.

1

« *Tous pourris* »

« TOUS POURRIS », « le pays légal contre le pays réel », « ceux d'en haut contre ceux d'en bas » : qui aurait imaginé, il y a une génération, qu'issues du fonds traditionnel de l'extrême droite et du populisme des années trente ces antiennes deviendraient les mots d'ordre les plus à la mode de notre vie publique ? Ce n'est pas l'apanage de la seule France : rien ne relève, dans cet étrange phénomène, de l'exception française. L'irrésistible ascension du populisme se mesure partout, avec des formes et des couleurs différentes, et les partis politiques en théorie les plus immunisés contre ce bégaiement inattendu de l'Histoire n'y résistent pas, même dans les pays où la démocratie semble le mieux fonctionner.

Au-delà des spécificités propres à chaque nation et à chaque tradition, le néopopulisme s'apprécie à travers un critère unique : l'anti-élitisme. Haine sournoise, agressivité à peine contenue, ironie sublimée, réflexe de classe traditionnel, hostilité verbale : toutes les manifestations existent d'une même pulsion. La chasse aux élites est ouverte et ceux qui se livrent avec concupiscence à ce sport chevauchent, en général, toutes les autres illusions du populisme. Ce n'est pas un bouleversement temporaire qu'effaceraient le retour de la croissance économique et la résurrection d'un optimisme historique, mais une réalité qui fait corps avec l'ivresse démocratique, caractéristique de sociétés sans classes sociales traditionnelles, sans corps intermédiaires, mais soumises à l'alliance de fer constituée par l'opinion publique, le juge et les médias.

*

* *

Alors que le populisme semble s'affaiblir dans ses vieilles terres de conquête sud-américaines, exception faite du petit Venezuela, il triomphe dans le monde développé, ce qui fait litière de l'explication si rassurante derrière laquelle la gauche s'est longtemps abritée, lorsqu'elle voit en lui l'expression fugitive de sociétés immatures. Immatures la France, l'Italie, l'Autriche, la Belgique, les Pays-Bas et les pays scandinaves ? Immatures, les Etats-Unis ? Etrange destin pour un phénomène qui n'a trouvé son intitulé qu'à partir de 1929 – et encore le mot même de populisme ne décrivait-il à l'époque qu'un courant littéraire. Certes, la réalité avait précédé la dénomination : du Second Empire au boulangisme, les antécédents existaient, mais personne, hormis Atatürk n'osa, avant la Deuxième Guerre mondiale, se déclarer populiste. Chacun y cède désormais, même si le mot conserve un parfum sulfureux.

En Europe, la palme revient évidemment – « à tout seigneur, tout honneur » –, à Silvio Berlusconi, inventeur d'un « péronisme médiatique » : il a adapté les vieilles ficelles du leader argentin à l'âge télévisuel, avec les facilités que donne une omnipotence capitaliste dans les médias. Mais de Tapie à Le Pen, la France a apporté son écot à ces nouvelles aventures politiques ; la Hollande, la Belgique, l'Autriche, aussi. N'y échappent, jusqu'à présent que le Royaume-Uni, trop viscéralement démocrate, l'Allemagne encore inhibée par son passé, l'Espagne et le Portugal marqués par les souvenirs de leurs régimes dictatoriaux. Les Etats-Unis ne sont pas en reste : depuis la campagne de 1992 de Ross Perot, le populisme est un filon électoral gagnant et George Bush ne l'a pas dédaigné, brocardant, lui l'héritier d'une lignée plus que « wasp », les élites de la côte Est et battant les estrades avec des thèmes du style « le peuple ne ment pas », comme d'autres proclamaient, en d'autres temps, que la terre, elle non plus, ne mentait pas.

Il existe certes, pour ceux qui ont le goût des catégories, maints populismes. Le premier, d'essence antifiscale, s'est naturellement manifesté d'abord en Scandinavie, paradis du prélèvement fiscal, avec l'apparition, dans les années soixante-dix, de partis politiques constitués avec un seul mot d'ordre : « A bas l'impôt. » Le second porte des chromosomes fascistes inavoués ou camouflés, avec pour figure emblématique notre Le Pen et pour coadjuteur l'Autrichien Haider. Le troisième, d'essence ethnique, est donc encore plus raciste que les autres : la Ligue du Nord d'Umberto Bossi et le Vlaams Blok flamand en constituent les prototypes. Le « berlusconisme » est, bien sûr, le plus moderne, le plus novateur ; il surfe sur la toute-puissance des médias : aussi a-t-il fait, sous des formes dégradées, des émules dans les partis les plus classiquement démocratiques. Ainsi Schröder a-t-il joué avec les mêmes ressorts au début de son parcours, avant que le principe de réalité ne l'amène à se transformer en vestale de la rigueur. Ce ne sont ni les pays les plus pauvres, ni les régions les plus déshéritées qui se donnent au populisme. L'Italie du Nord, la Flandre belge, les Pays-Bas, l'Autriche, hier la Norvège et le Danemark, ou dans une France infectée partout par le « lepénisme », le paroxysme alsacien : autant de contrées qui échappent aux malheurs économiques et sociaux et qui apportent un désaveu de taille à l'explication marxiste, telle qu'elle s'est perpétuée depuis *Le 18 Brumaire de Louis Bonaparte*, en établissant un lien irréfragable entre la pauvreté du lumpen-prolétariat et les pulsions populistes.

Mais, préfasciste ou ethnique, italien ou français, hollandais ou autrichien, voire américain, le populisme joue éternellement sur les mêmes ressorts : l'appel aux masses, l'affirmation que le peuple porte en lui la vérité révélée, la conviction que les corps intermédiaires et les institutions représentatives ne font qu'occulter cette vérité immanente, le recours à un homme charismatique susceptible d'incarner, grâce à une « transsubstantiation laïque », les aspirations populaires, le culte affectif du chef. Umberto Eco résume le phénomène : « Le populisme, c'est l'appel sentimental et direct à une entité imprécise qui n'existe pas mais qu'on appelle le peuple et qu'on essaie de prendre par les tripes. »

Il est certes de bon ton de se rassurer en pariant sur le côté feu de paille de l'emballement populiste et en énumérant la liste de ceux que la force de leurs adversaires, quelques maladresses ou le goût du suicide politique ont fait sortir de l'arène : Tapie, Haider, Mégret. Ainsi du soulagement cynique qui a prévalu aux Pays-Bas après l'assassinat de Pim Fortuyn qui avait réuni en trois mois 35 % des suffrages à Rotterdam. Or, le temps du deuil et du désarroi passé, la dynamique a repris en Hollande et la pression populiste est aujourd'hui plus forte que jamais dans ce pays qui ressemblait jusqu'alors à un temple bourgeois, paisible et douillet.

Ce n'est pas le mouvement poujadiste d'il y a un demi-siècle qui se reproduit à l'échelle de l'Occident, tel un feu follet destiné à cristalliser les frustrations, le sentiment d'exclusion et l'impression d'abandon de groupes sociaux marginalisés. Nous sommes face à une lame de fond. En est-il meilleure preuve que la capacité du populisme à contaminer les élites politiques traditionnelles ? Du Jacques Chirac de la campagne présidentielle de 1995 – « Le peuple est conscient de n'être pas pris en compte dans les raisonnements des hiérarques censés le diriger. D'où son rejet d'un système complètement déconnecté des réalités » – au Jean-Pierre Raffarin de 2002 se déclarant le Premier ministre de « la France d'en bas », la tentation est grande de jouer sur ce registre. Existe-t-il, à cet égard, exemple plus parlant que la campagne référendaire de mai dernier avec les leaders du non s'appropriant le peuple, face aux défenseurs du oui, devenus les oligarques de la pensée unique européenne ? Ainsi de ces analyses sociologiques *a posteriori* se résumant à l'affirmation de la victoire d'un peuple représentant 55 % du pays contre des élites fortes néanmoins de 45 % de l'électorat ! Les clivages d'âge, de milieux, de professions, d'éducation semblent désormais engloutis par une théorie devenue le pont aux ânes de la modernité : le peuple contre les élites. Les hommes politiques, français ou étrangers, sont peu nombreux, qui peuvent affirmer en conscience n'avoir jamais joué sur le ressort populiste et, le temps passant, ils se feront de plus en plus rares. Conscients des difficultés tant de la démocratie représentative que de notre pacte social à l'ancienne, la plupart d'entre eux préfèrent essayer de détourner à leur profit les émotions populaires plutôt que de se livrer à une pédagogie difficile afin de rapiécer un modèle de société contesté.

Comment faire grief de cette tentation à des hommes politiques naturellement obsédés par le suffrage universel, alors que même des intellectuels, davantage protégés, s'y engouffrent avec complaisance ? Jacques Julliard[1] pointe, à juste titre, du doigt « le populisme des intellectuels » : débarrassés d'un marxisme qui leur servait de colonne vertébrale, nombre d'entre eux se sont

1. Jacques Julliard, *La Faute aux élites*, Gallimard, 1997.

bâti une idéologie faite d'humanitarisme, d'utopie, de moralisme et de bons sentiments. De là le culte des « sans » : les sans-papiers, les sans-domicile fixe, les sans-logements... De là le refus méprisant de la social-démocratie et de ses laborieux compromis. De là le désir de se sentir en phase avec le peuple innocent et pur de tout péché, comme Sartre, en son temps, vis-à-vis d'une classe ouvrière, elle aussi vierge de la moindre souillure. Encore ce dernier se méfiait-il de toute forme d'arrogance, à mille lieues d'un Pierre Bourdieu qui n'a cessé, des années durant, de se complaire dans ce que Julliard baptise drôlement d'« aristo-populisme ». Etonnante attitude de ce « Maître », convaincu d'exprimer la volonté inconsciente du peuple, tout en multipliant les signes extérieurs de sa supériorité : style hermétique, posture nobiliaire, prétention du comportement.

Mais, à côté de ce haut clergé du populisme intellectuel, ne cesse de se développer un bas clergé – universitaires modestes, chercheurs scientifiques en plein doute professionnel, journalistes de terrain – aussi avide de côtoyer le peuple que les prêtres ouvriers étaient, il y a cinquante ans, obsédés par le fantasme de s'intégrer à la classe ouvrière. La campagne référendaire a été, de ce point de vue, un laboratoire merveilleux pour les intellectuels populistes : ils ont pu jouer à loisir avec le fantasme d'un non qui incarnait le peuple, alors que le oui semblait, à leurs yeux, l'apanage d'élites cosmopolites et lointaines. Comme les élites ne peuvent représenter près d'une moitié de l'électorat, à moins de n'avoir plus rien de commun avec une classe dominante, elles étaient supposées avoir embrigadé sous leur drapeau un immense troupeau de disciples, à l'instar du lumpenprolétariat que la bourgeoisie manipulait, selon la théorie marxiste, contre les intérêts de l'authentique prolétariat. Ces fadaises ont été, des semaines durant, la pensée commune des commentateurs, d'une fraction du milieu journalistique et du monde médiatique et culturel. Jamais les intellectuels populistes n'avaient exercé une telle mainmise sur la pensée dominante. Jamais le populisme n'avait été aussi triomphant. Jamais il n'était apparu, à ce point, notre nouvel horizon politique.

Or, derrière toutes les variantes du populisme apparaissent un même dénominateur, une même matrice, un même chromosome : la haine des élites. Les institutions ont failli, aux yeux des populistes de tous acabits : c'est donc la faute de ceux qui les incarnent. Le système économique ne produit pas le paradis sur terre : c'est la faute des économistes, des banquiers, des chefs d'entreprise, des technocrates. Le pouvoir donne une impression de langueur et d'immobilité : c'est le crime de dirigeants impuissants, pusillanimes, égoïstes. Les élites sont incompétentes, corrompues, illégitimes. Aussi le peuple, qui porte en lui la vérité révélée, doit-il trouver à s'incarner dans un chef charismatique. Lui sera honnête, efficace, compétent, bienfaisant, légitime. Aux antipodes des vieux principes de la démocratie représentative qui multiplie les intercesseurs, les médiateurs, les détenteurs de légitimités partielles, une fusion charnelle s'établit entre le peuple et le chef, la base et le sommet, qui permet de jeter aux poubelles de l'Histoire les élites malfaisantes. Ce n'est pas 1789 qui se reproduit, ni même 1793, car à aucun moment la pensée révolutionnaire n'a débouché, même pendant les convulsions de la Convention, sur le mythe du chef unique. C'est un autre fil historique qui se déroule sous nos yeux. « Le peuple est sain, simple, honnête ; son instinct est infaillible »... il est victime du « sida mental d'élites coupées de lui ». Qui, mieux que Le Pen, pourrait exprimer dans son absolue limpidité la philosophie du populisme ?

Dans son univers fantasmatique, le populisme rêve d'abolir deux barrières : l'une entre la décision et l'action, l'autre entre le haut et le bas. Dans le premier cas il s'agit de nier l'épaisseur de la réalité, la puissance des contraintes, la complexité de la société : le peuple veut, le chef fait, le monde se métamorphose. Dans le second ressurgit la vieille antienne historique « des petits contre les gros ». Celle-ci vient de loin et a trouvé maintes incarnations dans le discours politique. A gauche, avec les philippiques d'antan contre les profiteurs, les deux cents familles, les trusts et les monopoles. A droite, lorsque des personnages comme Pinay réussissaient à incarner le petit commerçant modeste contre le gros ploutocrate, ou lorsque Jean Royer fulminait, il y a trente ans, désireux de « sabrer les truands » car « la France est aux mains des minorités, des puissances d'argent, des technocrates, des hommes politiques, d'habiles intellectuels défendant de fausses valeurs... tout cela pour le plus grand profit d'avides exploitants financiers ». A la lisière du monde politique traditionnel, depuis un Pierre Poujade, incarnation du « tondu » contre « les gros bonnets », acharné dans son combat contre « l'influence de féodalités occultes dans les institutions de l'Etat », défenseur des « braves gens, du *bon populo*, des gens d'en bas » contre un Mendès, « l'étranger qui n'a pas une goutte de sang gaulois dans les veines » et tous ceux « qui parlent un latin politique », jusqu'à un Tapie vilipendant, au temps de sa splendeur, les technocrates, les faibles, les lâches, les prétentieux. Mais c'étaient, jusqu'à ces dernières années, les extrêmes de gauche ou de droite et les marginaux du système politique qui se complaisaient dans cette rhétorique ; les dirigeants des partis traditionnels de gouvernement n'y cédaient que subrepticement et fugitivement.

Aujourd'hui eux aussi s'estiment obligés de faire les gestes de la foi et de se prêter au culte du terrain, des petits, des sans-grade. Ils ne sont pas les seuls : la lame de fond touche tous les milieux sociaux. Pour les chefs d'entreprise, le petit actionnaire est devenu une apparente obsession ; pour les journalistes, la base semble désormais omniprésente ; pour les universitaires, les assemblées générales de chercheurs paraissent un mode naturel d'expression. En fait, les élites sont prises au piège ; elles commencent à devancer les reproches, en cherchant à ressourcer leur légitimité auprès de leurs mandants, en dehors même des procédures institutionnelles ; elles se savent sur la défensive, lâchent du lest et finissent même par avoir sincèrement mauvaise conscience. Elles ne s'assument donc plus. C'est l'éternelle haine de soi du bourgeois que François Furet avait mise en exergue [1]. Il existe désormais un populisme fonctionnel qui a trouvé sa place dans le jeu politique traditionnel, avec à la

1. François Furet, *Le Passé d'une illusion*, R. Laffont/Calmann-Lévy, 1995.

clef davantage de démagogie, moins de pédagogie, un sentiment plus aigu de l'immédiateté, une moindre hiérarchisation des priorités. Le culte de l'opinion publique est, de ce point de vue, la version civilisée du populisme. Il existe, dans la manière dont les hommes politiques traditionnels postulent que l'opinion publique a raison, de grandes similitudes avec l'attitude des authentiques populistes martelant que le peuple ne se trompe jamais. Comment reprocher aux détenteurs du pouvoir de vouloir se protéger en se pliant aux nouvelles règles du jeu ?

Celles-ci sont la rançon de l'ivresse démocratique. Ivresse démocratique née de la disparition des classes sociales et donc de l'affaiblissement de leurs représentants. Ivresse démocratique accentuée par l'influence de la nouvelle trinité constituée par l'opinion publique, le juge et les médias. Ivresse démocratique qui débouche sur de nouvelles procédures politiques, avec en point d'orgue le référendum, cette maladie infantile de la démocratie dont la France a fait son meilleur produit d'exportation... Moins de classes sociales ne signifie évidemment pas davantage d'égalité : l'utopie de la société sans classes n'est certes pas notre horizon quotidien. Une société individualiste, consumériste, culturellement homogène ne s'identifie pas davantage à l'immense classe moyenne dont les Trente

Glorieuses nous ont fait imaginer l'avènement et dont « l'ascenseur social » représentait le mythe fondateur. La société est, chacun le sait, à la fois cohérente et éclatée, convergente et émiettée, donc insaisissable.

La litanie des théories sociologiques est sans fin, qui essaie de capter cette nouvelle réalité mais la conséquence est terrible pour les dirigeants : le réel leur glisse comme du sable entre les doigts et ils n'ont plus de boîte à outils pour le saisir. Les partis politiques ? Ils sont devenus de simples clubs d'élus : deux tiers de leurs membres détiennent un mandat électif. Les syndicats ? Ce ne sont plus des organisations de masse : la France est la lanterne rouge de l'OCDE derrière la Turquie en matière de taux de syndicalisation et, sans les bataillons du secteur public, le syndicalisme serait évanescent. Il apparaît désormais comme le cogérant du système social, davantage que comme un acteur clef de la société civile. Les Eglises ? Leurs lieux de culte sont désertés, leur capacité de réunir le troupeau de fidèles de plus en plus réduite, leur puissance temporelle un simple souvenir. Elles ressemblent à des ONG, les rites en plus, le militantisme en moins. Les grandes associations ? Sans doute résistent-elles mieux, mais elles partaient aussi de plus bas dans un pays où l'Etat s'est attribué si longtemps le monopole de l'intérêt général. Les universités ? Les fondations ? Et tant d'autres organisations qui structurent la société dans les pays anglo-saxons ? Elles sont absentes, chez nous, du débat collectif. De là l'anémie de notre société civile. Constitutive à maints égards de notre identité, celle-ci a été compensée, pendant des décennies, par la vivacité de la démocratie représentative : trente-huit mille communes, toutes dotées d'un conseil municipal, représentent une aberration technocratique mais ont longtemps constitué un merveilleux vivier démocratique ; de même pour des départements trop nombreux, des régions elles aussi en surnombre, des structures intercommunales infinies... C'est là que s'exprimait la vitalité politique du pays, compensation à la faiblesse d'un parlementarisme que la monarchie hiératique de la Ve République a rendu croupion.

Mais cette forme bizarre de démocratie représentative se délite chaque jour davantage. L'abstention électorale, l'éloignement vis-à-vis des hommes politiques, le mépris diffus envers les élus, la dérision à l'égard du pouvoir exécutif : autant de manifestations dont le populisme fait son miel. Si la démocratie se définit désormais d'un côté par le bon fonctionnement des mécanismes représentatifs, et de l'autre par un jeu de plus en plus sophistiqué de pouvoirs et de contre-pouvoirs, le bilan est évidemment nuancé : si, versant politique, elle recule, elle ne cesse en revanche de progresser sur le versant des *checks and balances*[1]. Mais cette évolution-là nourrit à sa manière, elle aussi, le populisme car la multiplication des hautes autorités en tous genres, le poids de plus en plus visible des jurisprudences, le culte de la régulation donnent le vertige à ceux qui refusent les médiations et ne croient qu'au lien consubstantiel entre le chef et le peuple. Ce sont des signes supplémentaires de la toute-puissance des élites honnies : encore des positions, des fonctions, des responsabilités monopolisées par le club des usurpateurs que nous formons ! Plus la démocratie se sophistique, plus elle alimente le réflexe anti-élitiste ; moins elle est représentative, moins elle est légitime. Ainsi est-elle prise en tenaille pour le plus grand bonheur des populistes.

L'ascendant est passé du côté de l'opinion, des juges et des médias. Leurs incessants allers-retours, leurs complicités avouées, leurs alliances tacites constituent un véritable chaudron. C'est là, bien davantage qu'au Parlement ou dans les séances codifiées de concertation sociale, que s'élabore désormais l'humeur d'un

1. Pouvoirs et contre-pouvoirs.

pays. Or de cette machine à fabriquer excitations et emballements sort un même produit : la haine des chefs, des puissants, des importants. Dans un premier temps, le nouveau pouvoir « médiatico-judiciaire » a mis fin à l'impunité qui, tacitement, prévalait dans nos sociétés bourgeoises au profit de tous les détenteurs d'influence, depuis l'homme politique à la limite de la corruption, jusqu'au présentateur de télévision dispensé de payer ses contraventions de stationnement. Saint retour du balancier démocratique dont chacun aurait dû se féliciter !

Mais le goût du sang, certes d'un sang très virtuel, a fini par triompher en cette circonstance comme en d'autres plus dramatiques : l'opinion a trouvé du plaisir à cette revanche des « obscurs et des sans-grade » et à l'abaissement des *beautiful people*, ce qui a conduit les juges et les médias à pousser plus loin leur avantage. Combien d'organes de presse se sont-ils hypocritement abrités derrière l'alibi confortable de suivre au plus près les enquêtes judiciaires, pour faire fonctionner une « guillotine sèche » aux dépens des hommes publics ? Combien de carrières brisées, de démissions obtenues à coups de manchettes de « une » qu'un non-lieu ou une relaxe disqualifiaient ultérieurement ? A force de désaveux judiciaires, les médias ont fini par retrouver une relative sagesse, mais la tentation est toujours présente de suivre avec concupiscence les interventions de juges d'instruction projetés brutalement d'une position d'auxiliaires besogneux de la justice en rédempteurs de la société.

Seule la lassitude de l'opinion sert de temps à autre de tempérament à ces emballements, mais l'atmosphère demeure lourde : plus un personnage est important, plus il est suspect aux yeux de journalistes et de juges si proches culturellement les uns des autres qu'ils pourraient échanger leurs positions, comme roquent des pièces d'échecs. Quelle aubaine pour les apprentis sorciers du populisme ! Le « tous pourris » se ressource chaque jour dans les cabinets de juges d'instruction devenus les metteurs en scène d'inculpations à grand spectacle, dans les récits faussement compatissants d'articles de presse, dans la manière subtile dont magistrats et journalistes prennent à témoin l'opinion.

Voilà une manifestation, parmi d'autres, d'un voyeurisme propre à nourrir les fantasmes populaires ! Ce sont les mêmes citoyens qui se repaissent de *Gala*, *Voici* et autres revues du même acabit et qui hurlent au scandale offert par les élites, qui s'intéressent aux fredaines de telle ou telle princesse de pacotille et qui donnent leur bulletin de vote aux partis les plus récriminateurs et les plus vengeurs. Le voyeurisme est certes un trait de toutes les sociétés contemporaines mais il ne sert pas dans tous les pays d'aliment au populisme. Il n'y a pas de presse plus agressive et voyeuriste qu'en Grande-Bretagne et en Allemagne, mais ses excès ne se transforment pas en éléments du débat politique ; la dénonciation des scandales n'alimente aucun populisme électoral ; l'hostilité aux élites relève du rituel, plus que du militantisme. Des démocraties mieux charpentées que la nôtre résistent donc plus facilement : elles sécrètent plus aisément des anticorps. Notre système est plus fragile avec son tête-à-tête chaque jour exacerbé entre le pouvoir et l'opinion. Lorsque les institutions de la Ve République ont été mises en place, existaient des partis politiques puissants, le parti communiste au premier chef, des syndicats capables d'immobiliser le pays, un patronat qui détenait les instruments d'un vrai ascendant social, une Eglise catholique sûre de son bon droit. C'est dans ce contexte-là que s'inscrivait la démarche plébiscitaire, tel un levier, pour bousculer les coalitions d'intérêts acquis et de corporations égocentriques.

Rien de tel avec le vertige référendaire contemporain ! Le référendum semble la traduction institutionnelle la plus naturelle du diktat de l'opinion. Celle-ci est toute-puissante : autant lui donner l'instrument pour exercer son magistère. Il ne reste ensuite au pouvoir qu'à se plier aux injonctions reçues. Ainsi de Jacques Chirac prenant acte des résultats du référendum du 29 mai 2005, tel un notaire enregistrant le testament d'un client. Combien de voix s'étaient-elles élevées contre la perspective du référendum européen ? Qui a plaidé contre ce désaveu de la démocratie représentative ? Qui a pointé du doigt la caisse de résonance ainsi offerte à un populisme triomphant ? Qui a anticipé le résumé fulgurant du populisme en action que nous a offert Philippe de Villiers : « Chacun a toujours une bonne raison de voter non » ? La démarche référendaire est devenue l'instrument le plus chic du populisme. Ce n'est donc pas un hasard si la haine des élites s'est si naturellement imposée dans le débat du printemps dernier. Le populisme la porte en lui comme la nuée l'orage : dès lors qu'on lui offrait le référendum comme un merveilleux terrain de jeu, il a pu jouer à satiété de ce réflexe.

Ainsi la boucle s'est-elle refermée : le triomphe du populisme est tel dans notre esprit qu'il semble naturel de lui fournir, par sens, paraît-il, de la démocratie, un outil sans pareil. Ne nous étonnons ni d'avoir eu « la gueule de bois » le 30 mai, ni d'être, nous les représentants des élites honnies, au cœur de la cible. La leçon du

29 mai portera-t-elle, poussant à davantage de méfiance à l'égard du marteau-pilon référendaire ? Nenni ! Même les perdants n'ont cessé de se féliciter de ce grand moment de vitalité démocratique. Ils sont devenus de la sorte les fourriers de leur propre défaite, faisant leurs, sans le savoir, les impératifs du populisme et acceptant donc que le rejet des supposées élites devienne désormais l'alpha et l'oméga du débat public.

2

Souvenirs du monde d'hier

« J'APPELLE donc bourgeois de chez nous un Français qui ne doit pas ses ressources au travail de ses mains ; dont les revenus, quelle qu'en soit l'origine, comme la très variable ampleur, lui permettent une aisance de moyens et lui procurent une sécurité, dans ce niveau, très supérieure aux hasardeuses possibilités du salaire ouvrier ; dont l'instruction, tantôt reçue dès l'enfance si la famille est d'établissement ancien, tantôt acquise au cours d'une ascension sociale exceptionnelle, dépasse par sa richesse, sa tonalité ou ses prétentions, la norme de culture tout à fait commune ; qui, enfin, se sent ou se croit appartenir à une classe vouée à tenir dans la nation un rôle directeur et par mille détails, du costume, de la langue, de la bienséance, marque, plus ou moins instinctivement, son attachement à cette originalité du groupe et à ce prestige collectif. » Qui établit, de manière aussi classique, les bases de l'ordre social et donc le fondement de la classe dirigeante ? L'admirable Marc Bloch dans *L'Etrange Défaite*, c'est-à-dire l'homme qui, dès juillet 1940, affirmait dans ce manuscrit caché la responsabilité des élites françaises dans le désastre national et qui, du même mouvement, pointait néanmoins du doigt la légitimité de la bourgeoisie, son mode de fonctionnement et sa capacité de renouvellement. Pareto et Bourdieu réunis en quelque sorte par la grâce d'un visionnaire héroïque...

Pour Bloch, la réponse était donc limpide à la question qui n'a cessé d'animer la vie intellectuelle et que beaucoup considèrent comme toujours ouverte : existe-t-il, dans nos sociétés, une classe dirigeante monolithique en surplomb de la société ou une myriade d'élites en concurrence les unes avec les autres sans qu'aucune n'exerce un ascendant décisif ? Comment ne pas partager, au titre des souvenirs d'hier, la conviction de Marc Bloch ? La classe dirigeante existait ; chacun l'avait rencontrée ; elle régnait, dominait, gouvernait, sûre de sa légitimité, fière de sa capacité, fût-elle modérée, de renouvellement, assise sur son capital social, imperméable aux pires échecs, convaincue, en un mot, de posséder une parcelle d'éternité.

*

*   *

Le combat intellectuel est, en fait, déséquilibré. Du côté des tenants d'une élite puissante, poumon de la société, une armée de penseurs. Les uns, contrits de ce phénomène inégalitaire mais l'acceptant avec fatalisme. Rousseau le premier : « A prendre le terme dans la rigueur de l'acception, il n'a jamais existé de véritable démocratie et il n'en existera jamais. Il est contre l'ordre naturel que le plus grand nombre gouverne et que le petit soit gouverné. » Les autres, au contraire laudateurs, voyant dans la constitution et le renouvellement des élites le moteur de la société. Avec naturellement pour chef de file Pareto. La circulation des élites est synonyme d'équilibre social. Que « l'histoire soit un cimetière d'aristocraties » est rassurant. Qu'il y ait changement des minorités au pouvoir est le meilleur gage de la stabilité du pouvoir lui-même. C'est au fond la version philosophique du vieux précepte du prince de Lampedusa dans *Le Guépard* : « Il faut que tout change pour que tout reste pareil. »

De là un culte inattendu de la mobilité sociale chez Pareto, à rebours de son image réactionnaire : « Ce phénomène des nouvelles élites qui, par un mouvement incessant de circulation, surgissent des couches inférieures, montent dans les couches supérieures, s'y épanouissent et ensuite tombent en décadence, sont anéanties, disparaissent, est un des principes de l'histoire et il est indispensable d'en tenir compte pour comprendre les grands mouvements sociaux. » Quant à cette salutaire circulation, « elle se produit précisément lorsque des éléments étrangers à la classe de l'élite viennent à en faire partie, y apportant leurs opinions, leurs caractères, leurs vertus, leurs préjugés. Mais si au contraire ceux-ci changent leur être et que d'ennemis ils se transforment en alliés et serviteurs, on a un cas différent dans lequel la circulation fait défaut ». Tel est le postulat : l'élite n'est ni entièrement ouverte, ni entièrement fermée. Trop ouverte, elle ne pourrait servir d'armature à la société ; trop fermée, elle n'aurait ni la capacité, ni la légitimité d'exercer son pouvoir.

Vue sous cet angle, l'élite de Pareto n'est pas aux antipodes de la classe dominante telle que Marx la met en scène. Comportements, attitudes, codes, arcanes du pouvoir, renouvellement, magnétisme sur la société : tout rapproche les deux concepts. Seule la fin de l'histoire diffère : pour l'économiste italien, abusivement récupéré par Mussolini, le pouvoir appartiendra toujours à une élite, dès lors qu'elle saura se renouveler sur un bon rythme avec une alternance entre « les renards », élite de ruse, et « les lions », élite de violence. Pour le père du communisme, cette classe dominante-là achèvera sa trajectoire historique et passera la main au prolétariat. Mais les fils plus ou moins indignes du marxisme, les Bakounine, Trotski, Gramsci parieront, eux, sur la réapparition d'une nouvelle élite, fruit de la dictature du prolétariat, se ralliant sans le dire au principe parétien d'une aristocratie succédant à une autre, en surplomb de la société. L'émergence de la nomenklatura soviétique n'a pas tardé à leur donner raison. Mais derrière Pareto et Marx se profile évidemment une cohorte de penseurs, tous convaincus de l'existence d'une élite unique : l'un, Mosca, postule l'existence d'une « loi d'airain de l'oligarchie » ; d'autres pistent l'émergence de la nouvelle classe dominante, bureaucrates pour Weber, *managers* pour Burnham, complexe militaro-industriel pour Mills, bourgeoisie d'affaires pour Schumpeter.

Le camp opposé n'est pas, néanmoins, déserté : ses membres ont pour point commun de postuler l'existence, non pas d'une mais de plusieurs élites. Certains les voient en compétition les unes avec les autres pour le plus grand équilibre de la société ; d'autres les imaginent cohabitant côte à côte, partageant un statut symbolique mais n'ayant guère d'intérêts liés. Le premier militant de cette thèse est évidemment Saint-Simon avec sa parabole « des abeilles et des frelons ». Abeilles : les cinquante premiers physiciens, chimistes, mathématiciens, ingénieurs, maîtres de forges, médecins, etc. « faisant en tout les trois mille premiers savants, artistes et artisans de France ». Frelons : Monsieur, frère du roi, ses fils, cousins, parents lointains, les grands officiers de la couronne, les ministres d'Etat, les maréchaux, cardinaux, préfets et « en sus de cela les dix mille propriétaires les plus riches parmi ceux qui vivent noblement ». Si les abeilles disparaissaient, « la nation deviendrait un corps sans âme... Il faudrait à la France au moins une génération entière pour réparer ce malheur... ». Si les frelons mouraient tous le même jour, « cette perte des trente mille individus réputés les plus importants de l'Etat ne causerait aux Français de chagrin que sous un rapport purement sentimental car il n'en résulterait aucun mal pour l'Etat ».

L'élite est donc plurielle, avec ses gloires, ses oisifs, ses créateurs, ses soutiers, ses profiteurs, ses producteurs... Elle est diverse à l'image même de la société qu'elle domine. Il a fallu attendre un siècle pour que la pluralité des élites retrouve des défenseurs. D'abord du côté des sociologues américains poussés par empirisme à analyser la rivalité des groupes de pouvoir. Ainsi Dahl ou Riesman se sont-ils efforcés de montrer que des élites en compétition les unes avec les autres pratiquent des jeux de pouvoirs et de contre-pouvoirs d'une extrême sophistication : Montesquieu se glisse subrepticement grâce à eux au cœur de la classe dirigeante... Mais Raymond Aron a fait sienne, à sa manière, la même approche : il appelle « élite, l'ensemble de ceux qui, dans les diverses activités, se sont élevés en haut de la hiérarchie et occupent des positions privilégiées que consacrent soit des revenus, soit du prestige. Le terme de classe politique devrait être réservé à la minorité, beaucoup plus étroite qui exerce effectivement les fonctions politiques de gouvernement. La classe dirigeante se situe entre l'élite et la classe politique : elle couvre ceux des privilégiés qui, sans exercer de fonctions proprement politiques, ne peuvent pas ne pas exercer de l'influence sur ceux qui gouvernent et sur ceux qui obéissent, soit en raison de l'autorité morale qu'ils détiennent, soit à cause de la puissance économique ou financière qu'ils possèdent ». Au fond, entomologiste de la société, Aron n'est pas à l'aise avec l'idée trop réductrice d'une seule élite ; il considère que « la notion de classe dirigeante dissimule le problème plus qu'elle ne l'éclaire » ; il préfère procéder à une découpe plus fine des classes supérieures.

Pour ma part, plus marxiste que saint-simonien, plus parétien qu'aronien, je crois à la réalité d'une seule élite. Il en va, à mon avis, des groupes sociaux comme des Juifs aux yeux de

Sartre : le regard des autres les fabrique ; ce sont les antisémites qui les établissent dans leur identité. Or, abstraction faite des excès propres aux populistes, la société ne perçoit à l'œuvre qu'une seule et même élite ; elle l'imagine même de plus en plus restreinte, se ralliant, sans le savoir, à une prophétie de Tocqueville : « A mesure que la masse de la nation tourne à la démocratie, la classe particulière qui s'occupe d'industrie devient de plus en plus aristocratique. Les hommes se montrent de plus en plus semblables dans l'une et de plus en plus différents dans l'autre et l'inégalité augmente dans la petite société (*i.e.* l'élite) en proportion qu'elle décroît dans la grande. »

Règne donc une seule élite qui ne cesse de se modifier, se régénérant avec des éléments nouveaux qu'elle propulse en une génération vers les sommets et se débarrassant parallèlement de ses membres les moins qualifiés. Mais le déclin est plus lent que l'ascension, car la force des positions acquises, financières, intellectuelles ou sociales, ne cesse de servir d'amortisseur. Dans l'instant, la circulation des élites, si chère à Pareto, semble se limiter à une somme d'itinéraires individuels ; sur une période plus longue, elle ressemble à un lent glissement de plaques tectoniques sociales. Le passage, par exemple, des notables du Second Empire aux élites de la

République en témoigne : si la classe politique se professionnalise et n'apparaît plus comme le bras séculier de la bourgeoisie, celle-ci parvient à se perpétuer en faisant une part de plus en plus grande à la méritocratie, le culte des « capacités » lui permettant de se renouveler progressivement.

En effet, ne revenant pas brutalement sur les modes d'élection et de sélection aux postes de pouvoir, tels les concours de la fonction publique et refusant donc de s'aligner sur les conceptions plus révolutionnaires d'un Gambetta, la IIIe République a cantonné « l'élitisme républicain » dans un rôle de supplétif de la classe dominante traditionnelle. Le XXe siècle n'a fait qu'élargir la place dévolue à l'excellence scolaire sans changer fondamentalement les règles du jeu, car la vieille élite a su investir le champ des concours et autres formes de réussite académique, de manière à solidifier sa position et faire en quelque sorte valider, par le coup de tampon de la méritocratie, ses compétences et capitaux hérités de longue date. Les esprits les plus fins se sont, à l'époque, trompés sur la capacité de transformation des élites. Ainsi, constatant la fin de la République des Ducs après l'échec de MacMahon, Daniel Halévy prophétisait-il qu'« une révolution commençait : la révolution des emplois ». Prenant ses désirs pour des réalités, Gambetta affirmait : « J'annonce la venue et la présence, dans la politique, d'une couche sociale nouvelle. » Quant à Barrès, il voyait venir « l'affrontement des bourgeois et des héritiers ». Tout a été plus lent, plus diffus, plus progressif. L'élite est demeurée telle qu'en elle-même l'éternité ne l'a jamais changée.

Avec l'avènement de la Ve République, le phénomène s'est encore accentué, car l'élite politique est, en quelque sorte, rentrée au bercail. Les avocats, médecins, universitaires et surtout normaliens des républiques parlementaires ont abandonné la prééminence aux hauts fonctionnaires transformés en hommes politiques de terrain après être devenus ministres par la grâce du président de la République. De là une homogénéité sociologique sans précédent, les mondes politique, économique, administratif ne cessant de s'interpénétrer et d'échanger des frontaliers du pouvoir et des francs-tireurs de l'influence. Il était de bon ton de mettre cette inflexion au compte d'un général de Gaulle méfiant à l'égard des hommes politiques traditionnels. L'arrivée à l'Elysée du plus emblématique d'entre eux, en l'occurrence François Mitterrand, n'a rien changé ; elle a même donné à cette classe « technocratico-politico-industrielle » ses lettres de noblesse de gauche, lui permettant de disposer, de la sorte, d'un passeport pour toutes les alternances imaginables. Un savant mélange d'héritage culturel, de capital monétaire, de positions sociales, tempéré par le culte démocratique de l'excellence scolaire, a abouti à une situation sans équivalent dans le monde, sauf en Grande-Bretagne.

Rien de tel n'existait en effet aux Etats-Unis ou en Allemagne : le fédéralisme a eu pour effet commun, dans ces deux pays, d'émietter les élites sur le territoire ; la place modeste dévolue au gouvernement central a limité l'osmose avec le monde économique ; le *spoil system*, c'est-à-dire le caractère fugitif des responsabilités administratives, basculées à chaque alternance d'un camp à un autre, a tempéré l'importance des hauts fonctionnaires. Se sont ajoutées, pour l'Allemagne, la « table rase » liée à la dénazification et la montée vers le sommet de dirigeants issus du syndicalisme dans un pays dont la cogestion a longtemps constitué l'alpha et l'oméga du jeu social.

Parallélisme des vieilles puissances impériales, la Grande-Bretagne nous ressemble : la *gentry* s'est attachée à redonner une légitimité à ses enfants en les envoyant à Oxford et Cambridge ; les aristocraties foncière et industrielle se sont mélangées aux rejetons de la méritocratie ; la haute fonction publique a servi, comme en France, de « quille » stabilisatrice au navire. En revanche, comme en Allemagne, l'alliance entre un syndicalisme puissant et un parti social-démocrate a suscité une filière originale d'accès au pouvoir avec, sans qu'il soit obligatoire, le détour par « Oxbridge ». Nous avons été, nous Français, privés de cette voie de démocratisation-là par la domination de syndicats à la logorrhée révolutionnaire, par l'ombre portée du parti communiste et par l'incapacité du parti socialiste de se trouver un ancrage social diversifié, dès lors qu'il se satisfait de constituer un club d'élus, réunissant instituteurs et petits-bourgeois, sous la gouverne d'énarques.

« L'élitisme républicain » représente une perfection idéologique. Il correspond à une indéniable réalité, l'exagère, la transcende et en fait la quintessence du bien, alors qu'elle représente plus la marge que le cœur du système social. Nous sommes nombreux à en avoir bénéficié et avoir été propulsés en une génération au centre de la scène, mais ne nous leurrons pas car nous incarnons le côté « parétien » de la bourgeoisie, son intelligence à se renouveler sur ses franges ; nous ne constituons pas le cœur héréditaire du système. Britanniques, nous serions des lords nommés et non des lords héréditaires... Oui, le système des grandes écoles fabriquait jusqu'à présent le vivier dans lequel la classe dirigeante d'hier pouvait puiser à satiété. Oui, les grands corps de l'Etat donnaient les mêmes privilèges que les meilleurs brevets d'officiers ou les abbayes les plus plantureuses sous l'Ancien Régime. Oui, la noblesse d'Etat – suivant un mot cher à Bourdieu – a pris l'ascendant, le gaullisme aidant, sur les autres élites. Oui, elle incarnait la méritocratie triomphante plus que l'université, les entreprises ou les médias. Oui, ce système, quand il était à son apogée, fonctionnait bien, mêlant sournoisement l'alibi et la substance, la rhétorique et la réalité.

Mais il se dérègle par malthusianisme, au point de donner raison à l'aporie de Tocqueville sur une élite de plus en plus étroite dans une république qui se veut, elle, chaque jour, davantage une démocratie de masse. Malthusianisme en effet des grandes écoles : elles n'attribuent aujourd'hui leur précieux sésame qu'à 3 % des étudiants de l'enseignement supérieur contre 14 % en 1900 ; le nombre des élèves de l'Ecole polytechnique n'est passé, en un siècle, que de 250 par promotion à 400, alors que, pour représenter le même pourcentage du nombre d'étudiants, il devrait être aujourd'hui de 50 000 ! En réalité, la compétition tonique entre grandes écoles et universités s'est brisée, alors qu'elle a fonctionné efficacement pendant deux siècles. Méfiants devant les premières-nées de la Révolution, l'Empire et la Restauration ont misé sur les secondes, avant une nouvelle volte-face qui vit la fugitive IIe République jouer les écoles au point de vouloir créer une ENA, la IIIe République revenir vers les universités et la Ve pousser jusqu'à l'extrême le culte de l'X, l'ENA et consorts.

Or aujourd'hui la démocratisation de masse dans les universités et les limites du recrutement des grandes écoles en font, malgré des passerelles pour quelques heureux élus, deux mondes aux antipodes l'un de l'autre ; l'absence de sélection des premières sert d'alibi à l'hypersélection des secondes. Si le système demeurait un véritable instrument de promotion, sans doute nous en accommoderions-nous plus facilement.

Mais un deuxième malthusianisme a frappé : celui-là social. La situation n'a cessé, de ce point de vue, de se détériorer : 21 % des étudiants à Polytechnique, Normale Sup. et l'ENA provenaient, dans les années cinquante, des milieux populaires ; ils n'en représentent plus aujourd'hui que 7 %. Trois fois moins ! Ainsi, au moment où nous nous gargarisions publiquement de discours sur l'immense classe moyenne, l'égalitarisme garanti par le modèle social-démocrate et l'ébouriffante démocratisation du système scolaire, l'accès au mandarinat national se refermait brutalement devant les enfants issus des catégories les plus modestes de la population. Situation d'autant plus choquante que, pendant la même période, les mandarins issus de ces grandes institutions ne cessaient d'affirmer leur ascendant sur les centres de pouvoir : les anciens élèves de Polytechnique et de l'ENA ne représentaient en 1985 que 36 % des dirigeants des deux cents premières entreprises françaises ; ils étaient 46 % en 1989 ; 50 % en 1993. Né sous le Second Empire, le « pantouflage » a, en effet, connu son apogée il y a une dizaine d'années. Il en va de même dans la conquête du pouvoir, qu'il s'agisse du « haut clergé » politique, les ministres, ou du « bas clergé », les membres de cabinets ministériels : l'emprise n'a cessé, chacun le mesure, de se renforcer.

« L'élitisme à la française », ce pont aux ânes du narcissisme national, est devenu un leurre. Il fabrique des destins individuels, des images d'Epinal, tels les jeunes Asiatiques majors de l'X succédant aux enfants de républicains espagnols ou de Juifs ashkénazes, mais il n'assure plus la fluidité de la société : la circulation des élites dans la France d'aujourd'hui ne répond pas aux exigences de Pareto...

Ainsi sommes-nous en train de donner raison, du moins sur ce plan-là, à Pierre Bourdieu : le capital, au sens le plus « bourdivin » du terme, règne ! Nul constat ne m'est plus pénible. Je déteste le côté Trissotin de Bourdieu : « La classe dominante constitue un espace relativement autonome dont la structure est définie par la distribution entre ses membres de différentes espèces de capital, chaque fraction étant caractérisée en propre par une certaine configuration de cette distribution à laquelle correspond, par l'intermédiaire des habitus, un certain style de vie que la distribution du capital économique et la distribution du capital culturel entre les fractions présentent des structures symétriques et inverses » ! Ou « La césure au moment de la grande école est l'intégrale d'une infinité de déviations différentielles qui, au terme, font les grandes dérives de la trajectoire sociale » ! Insupportable jargon, mais néanmoins porteur de vérités fortes.

Marx avait eu une vision réductrice du capital. Celui-ci n'est pas que monétaire : il peut être aussi académique – l'accumulation héréditaire des diplômes –, culturel – l'accumulation, elle aussi héréditaire, du savoir – ou social – l'accumulation, *a fortiori* encore plus héréditaire, des relations. D'aucuns possèdent les quatre formes de capital : ils ont toutes les cartes gagnantes dans le poker endiablé qu'est la bataille pour le pouvoir et l'influence. Certains ne maîtrisent qu'un ou deux types de capital, mais s'ils le détiennent en quantité très importante, cela les dispense d'avoir la palette complète. La martingale : l'aristocrate de haute lignée, mâtiné de richesse bourgeoise, élevé dans un milieu de professeurs au Collège de France, major de l'ENA ! Mais le surdoué scolaire, enfant de professeurs agrégés, peut faire presque aussi bien. Pour lui, *dixit* Bourdieu, « le sentiment du miracle que procure son élection – l'entrée rue d'Ulm – est à la mesure de son improbabilité ». On peut s'amuser à mettre en concurrence l'héritier capitaliste sans diplôme, le fils de grande famille désargentée, l'enfant d'immigré surdiplômé. Le résultat de la partie n'est pas acquis, car les diverses formes de capital ne sont pas aisément hiérarchisables. L'avenir des individus peut être balisé ; il n'est pas, heureusement, prédéterminé.

Réussissent aussi des individus d'exception, dépourvus au départ de la moindre miette de capital, fût-il financier, culturel ou social, mais dotés de talent entrepreneurial ou de génie mathématique. Leurs enfants bénéficieront, en revanche, d'un capital de départ significatif. Si les trajectoires hors normes sont légion, la circulation des élites est assurée ; si elles se réduisent à de rares entrepreneurs et quelques scientifiques, le poids du capital devient exorbitant et la société, à la longue, se nécrose.

Bourdieu a fait, autour de ce thème-là, des gammes dont il me faut à nouveau reconnaître, fût-ce à mon corps défendant, la validité. Ce personnage détestable a enrichi, nous le savons depuis des années, la panoplie marxiste : son « Capital » est plus opératoire que l'autre. *La Noblesse d'Etat* n'est pas une découverte ; elle réitère les mécanismes qui permettent à une aristocratie publique d'occuper une position en surplomb de la société. *La Distinction* donne, elle, du corps et de la cohérence à une réalité d'expérience. Les goûts, les habitudes culturelles, la manière de manipuler les objets domestiques jusqu'à l'art de peler une orange avec ses couverts ou de manger son dessert avec une fourchette : autant de manifestations pour les uns d'appartenance et pour les autres d'exclusion sociales. La démonstration est sans fin : musique classique ou dodécaphonique ; impressionnisme ou art abstrait... Une immense machine fonctionne, qui prédétermine et conditionne des réflexes et des choix qui, en théorie, paraissent si personnels.

Prisonnier de sa démarche et de sa volonté militante, Bourdieu va naturellement trop loin : il croit à une fatalité sociale sans faille ; il imagine le déterminisme absolu ; il pense les destins, pour la plupart, écrits dès le premier jour. C'est, appliquée à la vie en société, la transcription du vieux débat entre jansénistes et jésuites sur la grâce immanente. Bourdieu considère que le fonctionnement de nos démocraties s'accommode de l'existence, pour une fraction privilégiée, d'une telle grâce immanente. Est-ce d'ailleurs un hasard s'il s'est essayé, en toute fausse modestie, à des *Méditations pascaliennes* ? Pour les détenteurs de cette grâce, tout est joué : « La magie sociale a des effets bien réels... C'est sans doute à travers l'effort pour adopter, surtout en présence de leurs pairs, les dehors de la noblesse et de la grandeur intellectuelles, qu'ils acquièrent non seulement la manière et le style assuré qui sont parmi les signes les plus sûrs de la noblesse – *i.e.* la noblesse d'Etat –, mais la haute idée d'eux-mêmes qui les portera, tant dans leur vie que dans leur œuvre, vers les ambitions les plus hautes et vers les entreprises les plus prestigieuses. »

Mais Bourdieu ne sera jamais, quoi qu'il en ait pensé, un autre Marx, le « Marx du capital élargi », car son système de pensée ne met en mouvement aucune dialectique sociale : il n'y a ni lutte de classes, ni renversement d'un ordre par un autre. De là l'allure erratique, incohérente et parfois grotesque de son militantisme : le grand Marx menait simultanément la rédaction du *Capital* et la création de l'Internationale communiste ; Bourdieu mettait certes en scène le capital élargi mais jouait le supplétif arrogant et irresponsable de l'extrême gauche. Poussé jusqu'à son terme, son système de pensée décrit le fonctionnement d'une élite sans aucun renouvellement : une éternelle perpétuation à l'ombre du capital élargi, donc l'antipode du mythe de l'élitisme républicain. Ce n'était pas jusqu'à récemment la réalité, mais le malthusianisme grandissant dont pâtit la promotion sociale rend malheureusement l'élite plus « bourdivine » que « parétienne ».

Bourdieu ne s'était jamais attaché à analyser une autre manifestation du capital élargi, pourtant fascinante : la capacité de résister aux échecs collectifs. Il ne s'agit pas de l'éternel débat, alimenté par les populistes de tous acabits, sur les sanctions des faillites individuelles, le prix payé par tel ou tel pour le désastre du Crédit lyonnais ou de Vivendi Universal, les mécanismes de solidarité, propres à toutes les corporations fermées, tenanciers de bistrots ou inspecteurs des Finances.

C'est, en quelque sorte, l'antithèse de *L'Ancien Régime et la Révolution*. Pour Tocqueville, les structures de la France n'ont pas été modifiées par les bouleversements révolutionnaires, même si ses élites ont été métamorphosées, avec pour preuve l'obligation pour la Restauration d'adouber les chefs issus de la Révolution et de l'Empire, afin de rendre acceptable « le milliard des émigrés ».

Depuis plusieurs décennies, c'est l'inverse qui s'est produit. L'élite s'est maintenue *perinde ac cadaver* au milieu des tornades historiques et des bouleversements socio-économiques. Ainsi de sa capacité de survivre à la capitulation de 1940 et à la Collaboration. Marc Bloch aurait été étonné, s'il n'avait pas été fusillé en 1944, de découvrir aux manettes, aux lendemains de la Libération, ceux mêmes auxquels il imputait dans son *Etrange Défaite* – livre-culte à mes yeux –, la débâcle, c'est-à-dire les membres d'une élite qui avait décidé de faire de la France un « musée d'antiquailles » : « Le régime eut-il tort ou raison de respecter ces antiques corporations (*i.e.* les corps de l'Etat, l'X, Sciences Po., les Universités, l'Institut de France, l'Académie) ? On peut en disserter à perte de vue. Les uns diront : stabilité, tradition d'honneur. Les autres, vers lesquels j'avoue incliner, répliqueront : routine, bureaucratie, morgue collective. Une chose, en tout cas, est certaine : sur deux points, la faute fut lourde. » Or, qui peuple en 1945 les ministères, les grands corps, la magistrature, les chaires académiques, la direction des banques et des entreprises ? Les mêmes, rejoints par quelques enfants de Londres et de la Résistance. Un typhon politique et moral est passé : l'élite a fléchi, tel un roseau, et s'est immédiatement redressée. Léon Blum pouvait affirmer que « la bourgeoisie française avait perdu le caractère d'une classe dirigeante », elle n'en avait cure : les mises en cause de sa légitimité ne dureraient, elle l'anticipait, que l'espace d'une saison.

Lorsque les Trente Glorieuses, la désinflation compétitive, la mondialisation, la révolution technologique ont successivement chahuté le champ de l'économie, le roseau, une fois de plus, a résisté Les interventionnistes d'hier se sont mués en militants du marché d'aujourd'hui, les colbertistes en partisans du libre-échange, les « patriotes industriels » en hérauts de la globalisation, les directeurs d'administration centrale en banquiers, les banquiers en gestionnaires de fonds d'investissement, les investisseurs en jongleurs des fonds spéculatifs. Cette permanence dans l'être était-elle la récompense d'un succès prodigieux ? Qui oserait le prétendre ? Après avoir mieux fait que les autres, notre système socio-économique a plutôt moins bien réussi. Mais c'est là un jugement virtuel, car les mêmes hommes ou leurs semblables, sont encore aux manettes comme si l'exercice du pouvoir était, en France, déconnecté des résultats. Voilà une autre propriété du capital, version Bourdieu, même si elle lui a échappé : rendre ses détenteurs inaltérables, ses propriétaires indestructibles, ses rentiers inoxydables.

Comment ne se sentiraient-ils pas, dans ces conditions, une vocation à l'éternité ? Pourquoi refuseraient-ils de faire leur la conviction de Gladstone selon laquelle « l'amour de la liberté n'a d'égal chez le peuple que son amour pour la noblesse » ? Qui les empêcherait de penser qu'ayant traversé les pires soubresauts historiques et économiques, ils ne risquent guère d'être bousculés par les avatars du monde contemporain ? Qui leur ferait croire que la société actuelle, douillette et « baba cool », aurait l'outrecuidance de contester leurs positions ? Quel phénomène technologique, quelle lame de fond sociologique, quel bouleversement capitaliste faudrait-il pour attenter à un ordre existant aussi inexpugnable ? Qui aurait même l'audace d'envisager des événements aussi surréels ?

3

Un déclin tous azimuts

L'ÉLITE brille tel un astre mort mais elle le pressent à peine. Elle est en effet capable d'imaginer une révolution silencieuse qui la mettrait en difficulté, une révolte d'« en bas » telle que la France en a connue à échéances régulières, donc un processus de contestation classique, social et politique. Elle ne mesure pas, en revanche, que son pouvoir est attaqué, de façon concomitante, par des phénomènes étrangers les uns aux autres : la diffusion de l'épargne et l'émergence d'un capitalisme anonyme ; l'émiettement des savoirs ; l'affaissement de l'Etat et l'effondrement du modèle technocratico-politique, le tout à l'abri d'un « média-monde » qui bouscule les hiérarchies, arase les pouvoirs traditionnels, les fait passer au filtre de la notoriété. Toute situation sociale est désormais précaire : le déclin est plus rapide que l'ascension ; l'échelle se descend en une génération, qui se montait en deux ou trois. Certes le capital financier s'use moins rapidement que le capital culturel ou sociologique ; il maintient à ses détenteurs les avantages de la richesse et donc de la liberté qu'elle donne, mais l'influence et le pouvoir qui lui sont liés sont, eux, fugitifs. Cette évolution ne concerne certes que des sociétés occidentales en train de passer de la démocratie traditionnelle à une hyperdémocratie ; les pays telles la Russie et la Chine, qui mêlent explosion du marché et perpétuation d'une oligarchie d'origine politique, connaissent, au contraire, une suraccumulation du pouvoir dans quelques mains, sans que s'oppose à eux le moindre contre-pouvoir. Comparée aux maîtres de la Russie ou aux nouveaux mandarins, hybrides de capitalistes agressifs et de bureaucrates hiératiques, qui dirigent la Chine, l'élite à la française apparaît comme un modèle d'ouverture et de fluidité... Mais ce n'est, pour elle, qu'une piètre consolation.

*

* *

Paradoxe d'une société dominée par le marché, l'argent confère moins de vrai pouvoir qu'autrefois. Les entrepreneurs sont moins puissants que les institutions d'épargne collective : Buffett compte moins que Calpers ou Bill Gates que Fidelity. Or, qui dirige Calpers ou Fidelity ? Une bureaucratie anonyme et professionnelle avec de jeunes diacres du capitalisme qui servent de manière conventionnelle la messe de la « création de valeur ». Raccourci excessif mais qui traduit le nouvel état des lieux. Le marché est mondial ; l'épargne l'est aussi ; les instruments qui la gèrent le deviennent à leur tour. Or ce nouveau marché est, pour paraphraser Shakespeare, non « une histoire de fous, racontée par un idiot et qui ne veut rien dire », mais une histoire de fous, racontée par des idiots et qui veut dire quelque chose. Une histoire de fous, en effet, tant les mouvements de capitaux peuvent être brutaux, les ruptures des cours de Bourse impressionnantes, les allers-retours imprévisibles. Racontée par des idiots car la population des gestionnaires de fonds, des analystes, des arbitragistes de tous poils ne brille ni par sa culture ni par son intelligence des phénomènes globaux, ni par sa vision du développement économique. Qui veut dire quelque chose car le marché, tel qu'il fonctionne aujourd'hui, traduit une rationalité incontestable : y en a-t-il meilleure preuve que la croissance sans précédent de l'économie mondiale ? Cette immense machinerie laisse peu de place aux individus. Certes Buffett, Kravis ou Soros aux Etats-Unis, Arnault, Bolloré, Pinault en France, sont plus connus de la population que ne l'étaient Ford ou Morgan, Boussac ou Wendel, mais ce ne sont que les effets de la société du spectacle. Ils incarnent étrangement des fonctions essentiellement symboliques. Buffett : l'investisseur avisé ; Kravis : l'inventeur des effets de levier ; Soros : le spéculateur philosophe. Ils peuvent fondre sur telle ou telle entreprise, provoquer des batailles boursières qui feront la une des journaux et serviront de substituts contemporains aux duels d'autrefois, obtenir des taux de rendement à donner le frisson, devenir, à titre personnel, riches au-delà de l'imaginable. Ils gèrent néanmoins un argent qui n'est pas le leur ; ils constituent l'avant-garde des investisseurs collectifs ; ils personnalisent un système qui les dépasse.

Il existe, certes, des entrepreneurs dont l'action modèle la réalité industrielle : Bill Gates vaut de ce point de vue Henry Ford, mais son poids sur la société est infiniment plus faible. Il ne l'exprime d'ailleurs qu'à travers sa Fondation, n'incarne pas comme son prédécesseur une vision du capitalisme et se contente de peser sur la vie politique en apportant son obole, fût-elle grosse, aux candidats de son choix. De même, en France, aucun « tycoon » n'a le poids d'un Boussac il y a un demi-siècle ou d'un Wendel il y a un siècle. Le triptyque – pouvoir industriel, présence politique, propriété de presse – a disparu. Seul Serge Dassault relève en apparence de ce modèle. Mais les journaux ne se gouvernent pas aujourd'hui comme autrefois ; la détention d'un siège parlementaire s'est dévalorisée ; la maîtrise d'une entreprise de qualité se banalise dans un univers multinational. Aussi Dassault pèse-t-il sur la société française moins qu'il ne le souhaiterait et que ne l'imaginent les mystiques de l'extrême gauche.

Dans une France qui, comme tous les pays occidentaux, vit sous le microscope des médias, et prétend donc à la transparence maximale, la richesse est devenue politiquement contreproductive. Etre, pour un industriel, l'ami du président de la République, était autrefois un sésame pour les meilleures affaires ; c'est désormais un handicap. A peine prend-il une initiative que l'administration se dresse contre lui, au nom du devoir qu'elle estime être le sien de protéger le chef de l'Etat, fût-ce contre lui-même...Quant au poids que confère sur une rédaction la propriété du capital, il devient chaque jour plus faible : le système anglo-saxon s'installe en fait subrepticement ; l'actionnaire désigne le patron de la rédaction et encore doit-il s'accommoder, pour le faire, de mille contraintes, mais, une fois l'éditeur en place, celui-ci est en réalité libre de ses faits et gestes.

« L'indépendance de la rédaction » est devenue pour les médias un mythe aussi fondateur que « l'indépendance de la justice » pour les magistrats. Le capital ne pèse pas davantage sur un journal que le système politique sur la « justice assise ». Quel pouvoir confère dès lors le statut de capitaliste, en dehors des entreprises qu'il contrôle ? Parrainer une Légion d'honneur, obtenir un coupe-file, dîner à l'Elysée avec le roi du Népal, être invité dans le cortège présidentiel en Namibie...

Ce n'est pas un hasard si, à l'instar de leurs alter ego américains, les capitalistes français découvrent les charmes du mécénat, alors que les règles fiscales ne les y poussent pas autant qu'outre-Atlantique : c'est un moyen de faire le bien, de le faire savoir, de savoir le dire. Mais, outre une satisfaction personnelle correspondant chez certains à une vraie pulsion artistique ou humanitaire, les dividendes sont faibles : un zeste de notoriété, un doigt de reconnaissance collective, une pincée de bonne conscience.

Les élites d'argent ont beau ne plus avoir d'ascendant sur la société, leurs intérêts de classe perdurent et elles font de leur mieux pour les faire prévaloir. Mais elles sont loin de constituer le lobby le plus efficace de la société française. Les écologistes à propos des OGM, les tenanciers de débits de tabac en matière de droits d'accise, les agriculteurs sur le plan des subventions, se débrouillent nettement mieux que les riches à l'égard de l'ISF. Le pouvoir politique ne cède que devant les corporations capables de descendre dans la rue, de créer un mouvement d'opinion, de déplacer des voix aux élections. A cette aune-là, les riches sont lamentables et les très riches encore plus. S'ils se livraient à un contre-pied comme Bill Gates, Buffett, Soros et d'autres signant un manifeste demandant paradoxalement le maintien des droits de succession, face au projet de l'administration Bush de les abolir, ils retourneraient l'opinion, mais lorsqu'ils pestent contre l'ISF, ils sont inaudibles.

Quant aux nouveaux maîtres, ces milliers de gestionnaires anonymes de l'épargne mondiale, ils n'ont aucune ambition politique. Que leur action ait une influence décisive sur les enjeux collectifs, c'est une évidence ! Qu'ils aient en revanche une aspiration à devenir un acteur social et à peser sur le cours des choses, c'est une illusion ! Ils n'en ont ni le goût — ils méprisent trop la politique —, ni les capacités — ils sont trop incultes —, ni l'idéologie — ils n'en connaissent pas d'autre que la création de valeur.

Les industriels de la génération Internet ne sont pas, sur ce plan, différents des gestionnaires de fonds ; ils sont aux antipodes des entrepreneurs tels que Schumpeter les avait décrits. Pour les entrepreneurs d'aujourd'hui, la richesse n'est qu'un instrument de liberté individuelle ; pour leurs anciens c'était une ascèse car « l'éthique protestante du capitalisme » les habitait. Les uns sont d'esprit libertaire : toute forme de pouvoir leur répugne ; les autres aimaient jouer un rôle en surplomb de la vie politique. Les enfants d'Internet sont des anarchistes fortunés ; les industriels de l'âge des chemins de fer puis de l'électricité étaient des bourgeois conservateurs. Imaginer un créateur de *start-up* dans la Silicon Valley acheter un journal ou une chaîne de télévision afin de servir de relais à ses convictions ou influencer un politicien à force de services rendus, relève du surréalisme ! Il ne comprendrait ni la démarche, ni la méthode, ni l'intérêt. Ces nouveaux joueurs ne constituent pas, au fond, une élite parce qu'ils ignorent même le sens de ce mot : la notion de *happy few*, ces quelques bienheureux chers à Stendhal, leur est étrangère. Ni les entrepreneurs californiens, ni les gestionnaires de fonds new-yorkais ne représentent complètement le monde des puissants, mais ils en sont davantage qu'une préfiguration : les capitalistes des vieux pays s'aligneront, à leur tour, sur ce modèle. Jamais l'argent n'a été aussi abondant, mais il profite désormais à tant d'individus qu'il ne constitue plus un sésame pour un pouvoir qui est, chaque jour davantage, partout et nulle part. Ce raisonnement bute évidemment, au cœur du monde occidental, sur un contre-exemple absolu : Silvio Berlusconi. Une telle osmose entre le grand capital et la politique est sans précédent. Mais il s'agit plutôt de « l'exception qui confirme la règle » : ce sont moins les moyens financiers de Berlusconi qui ont assuré son ascension que la nature de ses activités. S'il avait eu le monopole des banques, sans doute n'aurait-il pas pu en tirer le même profit que de son empire médiatique. Il a inventé un « péronisme audiovisuel » qui doit davantage à la maîtrise de ses télévisions qu'à sa puissance de feu capitaliste. Encore cette anomalie semble-t-elle toucher à sa fin.

C'est le même phénomène d'éparpillement qui explique le crépuscule des intellectuels et donc l'effacement d'une autre élite, celle de l'esprit. Les savoirs se sont émiettés, de la même manière que la richesse s'est répartie. Les disciplines sont de plus en plus autonomes : un physicien ne fraye plus avec un mathématicien, un sociologue avec un historien, un ethnologue avec un économiste. Et, au sein même de chaque branche, les césures sont de plus en plus rigides : l'économètre ne dialogue pas avec le roi de la théorie des revenus, l'historien de la Révolution avec le spécialiste de l'islam, l'analyste de telle tribu africaine avec son alter ego obsédé par les indigènes d'Amazonie. Le système universitaire est désormais bâti sur une perpétuelle parthénogenèse : toute discipline se coupe en deux autres disciplines qui, elles-mêmes, se coupent en deux.

Il n'y a plus de place dans cet univers parcellisé pour les approches prométhéennes qui veulent penser le monde dans sa globalité : Einstein et la relativité généralisée sont aussi inconcevables que Keynes et la théorie générale de l'emploi. Sans doute existe-t-il à Princeton ou à Stanford des scientifiques dont le quotient intellectuel vaut celui d'Einstein mais ils appliquent leur génie à des recherches ponctuelles et ésotériques. De même les facultés d'économie regorgent-elles de chercheurs peut-être plus aigus que Keynes, mais ils se consacrent à l'étude du revenu dans la classe moyenne texane ou aux effets des produits dérivés sur la libre allocation de l'épargne... Sans vision globale, il n'y a plus de magistère possible ; sans magistère, il n'existe plus de maître à penser. Celui-ci était un touche-à-tout : s'évadant des frontières de son savoir, il pouvait batifoler et, batifolant, s'ériger en donneur de leçons et en conscience collective. Pourquoi un savant, spécialiste de l'ADN comme Jacques Monod, était-il devenu – fût-ce contre son gré –, une autorité morale ? Parce que, d'un glissement subreptice à l'autre, il étendait son magistère de la microbiologie à la conception de l'homme et de celle-ci à la vie en société. Aujourd'hui, aucun prix Nobel ne pourrait jouer de la sorte les francs-tireurs. Pierre-Gilles de Gennes et Georges Charpak ne sont ni moins séduisants, ni moins intelligents que Monod : ils ne se permettent guère de s'évader, dans leurs propos généraux, du monde de la recherche et de l'éducation. N'a-t-on pas vu l'intellectuel français le plus respecté, Claude Lévi-Strauss, interrogé il y a quelques années à propos de la Nouvelle-Calédonie, refuser de répondre, par, *dixit*, incompétence. Ainsi le pape de l'ethnographie s'estimait-il trop « généraliste » pour s'exprimer sur un problème pourtant bien proche de ses centres d'intérêt. Désolante abdication...

Le même phénomène vaut dans l'ordre littéraire ou philosophique : le créateur « multicartes » se fait rare et le « sauteur de disciplines » plus encore. C'est, là aussi, l'effet d'un processus de spécialisation : le marché est plus exigeant et la compétition plus féroce ; la reconnaissance ne s'acquiert plus à l'échelle de petits pays provinciaux, mais dans un espace public international, même si ses frontières ne rejoignent pas encore celles des marchés économiques mondiaux. Le statut s'acquiert essentiellement aux Etats-Unis et exige d'y respecter les règles du jeu. Braudel, Foucault, Derrida ou Girard s'y sont imposés, au titre de leurs disciplines et non comme des gourous susceptibles de s'exprimer avec certitude sur la politique des taux d'intérêt ou les questions constitutionnelles. Bourdieu et Bernard-Henri Lévy sont les « derniers des

Mohicans » : le premier a essayé de jouer le rôle d'un Sartre contemporain ; quant au second, il n'a pas renoncé à l'ambition prométhéenne du touche-à-tout, alternant le registre de Malraux et le clavier d'Aron. L'un était un sociologue qui pensait juste et un prophète qui rêvait faux ; l'autre a réussi à tenir, sans déraper, la rampe de la morale. Mais ils ne peuvent pas avoir de successeurs.

L'époque ne permet plus à un romancier, un poète, voire un philosophe, de parler *ex cathedra*, au nom du bien, sur n'importe quel sujet. D'abord parce qu'aucun intellectuel ne dispose aujourd'hui d'un capital de confiance qui l'assure d'un quasi-blanc-seing. Ensuite, parce que le souvenir des engagements fascistes et surtout communistes est encore trop présent pour ne pas entourer d'un halo de suspicion les preuves que les intellectuels croient donner de leur discernement et de leur lucidité. Enfin parce que le règne de l'expert sonne le glas de l'omnipotence de l'intellectuel traditionnel. La montée des questions économiques et sociales, le besoin des médias audiovisuels de s'abriter derrière des experts comme si ceux-ci étaient les garants d'une information neutre et naturellement respectueuse des faits, l'ascendant de la culture managériale, l'existence d'une pensée dominante que d'aucuns qualifiaient, de façon polémique, d'unique : autant d'évolutions qui ferment le jeu pour les interventions à l'ancienne. Le mouvement anticapitaliste se renforce chaque jour davantage ; il trouve ses troupes de choc dans une sous-intelligentsia d'enseignants et de chercheurs, mais, à l'exception autrefois de Bourdieu, il ne peut s'appuyer sur aucun magistère. L'élite intellectuelle est aussi affaiblie que l'élite capitaliste. Elle se repaît certes de sa propre notoriété. Mais celle-ci ne rime pas avec l'exercice réel de l'influence. Etre connu participe des simulacres de la société médiatique : cela assure mille petits avantages et aucun pouvoir effectif.

L'élite politico-technocratique, si emblématique du monde d'hier, échappe-t-elle au déclin tous azimuts ? Le culte de l'expertise technique lui sert-il de bouée de sauvetage ? En aucun cas : elle aussi est prise dans la tourmente. La raison en est l'effacement de l'Etat qui impose une terrible *diminutio capitis* aux hommes politiques et aux technocrates. Certes, le phénomène est moins marqué dans un pays comme l'Espagne, où l'hyperdémocratie ambiante a moins entamé le crédit de l'oligarchie et où une formidable ambition collective, née de l'insertion dans l'Union européenne et du vase d'expansion de l'*hispanidad*, donne encore un projet aux élites traditionnelles. Mais c'est une exception par rapport aux autres grands pays européens.

Le modèle technocratique est, par ailleurs, sur la défensive. Il est de bon ton d'imputer ce phénomène à une « baisse du niveau » : ce pont aux ânes sert en effet aussi bien pour les candidats au baccalauréat que pour les élus du système de sélection à la française. C'est absurde : Nicolas Sarkozy n'est pas un moins bon homme politique qu'André Tardieu, Dominique Strauss-Kahn que Vincent Auriol et Jean-Claude Trichet n'est pas un technocrate moins capable que François Bloch-Lainé. Comme dans le champ capitaliste ou le domaine culturel, nos contemporains sont aussi intelligents et aussi cultivés que leurs prédécesseurs. Sans doute ont-ils même des qualités que les générations précédentes ne possédaient pas à ce point : davantage de liberté d'esprit, davantage de distance à l'égard des conventions sociales, davantage de quant-à-soi face aux idéologies ambiantes, davantage de recul vis-à-vis des gratifications et hochets honorifiques, davantage de compréhension du monde international, davantage de réticence face au provincialisme français. L'élite politico-technocratique n'est pas moins bonne : c'est la « fiche de poste » qui a changé.

Quelles marges de manœuvre possède-t-elle encore, dès lors que l'Etat perd ses attributs, comme une marguerite ses pistils ? Le marché le contourne ; l'Europe le dessaisit par le haut ; les collectivités locales par le bas ; les autorités indépendantes lui enlèvent le pouvoir de régulation ; les organisations non gouvernementales le privent du monopole du bien ; les acteurs de la société civile empiètent sur ses attributs. L'intérêt général n'est plus l'apanage exclusif de l'Etat : celui-ci n'est que le premier de ses serviteurs. Mais les apparences du pouvoir à l'ancienne demeurent : les ministres occupent leurs hôtels XVIIIe siècle ; les huissiers portent leurs chaînes ; le décorum de « l'Etat Louis quatorzième » se perpétue malgré la baisse des crédits, la difficulté de remplacer la vaisselle de Sèvres et les peintures qui s'écaillent sur les murs des ambassades. Comment l'écart grandissant entre la réalité des attributs de la puissance publique et les apparences surannées de son statut ne provoquerait-il pas, de la part de l'opinion publique, éloignement, distance, voire dérision ? De là un déclin plus ostensible, plus visible et donc plus difficile à gérer que pour les élites capitaliste et intellectuelle. Dans un pays qui a vécu, des siècles durant, avec une croyance exacerbée dans le politique et une confiance absolue dans son administration, le retour à la réalité est difficile : les membres de la confrérie politico-administrative n'en ont pas encore tiré les conséquences et ils prêtent, par leur attitude, le flanc à la critique.

Car le spectacle se déroule devant le « média-monde ». De même que, suivant les traces de Wallenstein, Fernand Braudel avait mis en exergue l'« économie-monde », il existe désormais un « média-monde ». Celui-ci surplombe la vie des médias comme l'« économie-monde » la sphère de l'échange marchand. Il vit d'une information accélérée et mondiale mêlant, de manière indissociable, Internet, CNN, BBC-World, les autres chaînes d'information et les grandes agences ; il se moule sur la conception américaine de l'information avec son mélange si particulier d'investigations, d'enquêtes et de préjugés ; il donne un ton et un style aux médias nationaux, avec un goût emblématique pour l'impertinence, la contestation et l'interpellation.

Se diffusant du cœur du « média-monde » jusqu'à l'exercice du journalisme d'enquête par *Le Parisien* ou *La Voix du Nord*, cette manière d'être des médias va donner au déclin de l'élite une coloration particulière. Tout se serait passé, de manière assourdie, sous le regard du monde journalistique d'autrefois : la déférence aurait continué de prévaloir ; les hommes et les femmes de pouvoir auraient fait semblant de tenir encore la scène et ils auraient réalisé les mêmes entrechats qu'à l'époque de leur puissance, à l'image des personnages blanchis du *Temps retrouvé*, fréquentant en béquilles la salle de bal de l'hôtel de Guermantes. Douce décrépitude...

Rien de tel n'est désormais possible : les médias vont faire tomber les masques ; l'illusion d'une élite toute-puissante explosera ; les mécanismes de pouvoir traditionnels montreront leur fragilité. Tant mieux ! Ce sera peut-être le meilleur antidote au populisme. Lorsque l'opinion découvrira que les élites n'occupent que fictivement le champ de la puissance, elle abandonnera peut-être le syndrome du « tous pourris ». Elle mesurera progressivement que le fonctionnement de la société contemporaine dessine, en effet, un nouveau modèle dans lequel les élites à l'ancienne n'ont plus leur place.

4

La loi d'airain de l'hyperdémocratie

ÉTONNANT avatar de la modernité : la loi d'airain de l'oligarchie, chère à Mosca, qui a prévalu pendant des siècles, cède désormais le pas à une loi d'airain de l'hyperdémocratie. C'est en effet la prophétie démocratique de Tocqueville qui s'impose sous nos yeux, mais à la puissance dix. L'auteur de *La Démocratie en Amérique* ne pouvait, en effet, pressentir la consommation de masse, l'émergence de la classe moyenne, la puissance de nivellement de la mondialisation, l'omnipotence des médias et mille autres phénomènes technologiques, culturels, sociologiques. Or, dans le décor stable du XIXe siècle, le célèbre visiteur des prisons américaines était capable d'anticiper, dût-il le regretter, l'effacement de l'aristocratie. Avec l'hyperdémocratie, c'est aussi à la puissance dix que les coups sont portés aux élites. Le pouvoir cède en effet le pas à l'influence et l'élite de pouvoir s'efface, de ce fait, devant une élite de notoriété. Celle-ci invente, sans le savoir, une fonction symbolique qui correspond à de nouveaux types de hiérarchie sociale : le vieux creuset républicain en ressort mal en point.

*

* *

Nous vivons dans une étrange société, sans classe mais inégalitaire. Au fantasme avorté de l'égalitarisme communiste avait succédé, à la fin des Trente Glorieuses, l'illusion d'une autre société, elle aussi homogène, dominée par une immense classe moyenne : l'esprit social-démocrate de l'époque s'était réapproprié, de cette manière-là, la vieille aspiration révolutionnaire, telle une résurgence inattendue de l'affrontement entre mencheviks et bolcheviks. Or, sous la pression du rouleau compresseur économique, c'est un autre modèle qui a prévalu : le niveau de vie moyen s'est fantastiquement accru ; les classes sociales se sont évanouies ; mais les inégalités n'ont cessé de s'accentuer. Les maîtres mots de la société hyperdémocratique sont : individualisme, consumérisme, tribalisme.

Le « moi » est devenu roi. Le « moi » des corps : liberté sexuelle, culte du beau, *body building*, régimes, soins, minceur, obsessions en tous genres. Le « moi » de la santé : l'hypocondrie guette ; la peur des maladies règne ; l'automédication se généralise ; les dépenses sanitaires s'envolent ; les armoires à pharmacie débordent. Le « moi » des valeurs : la liberté individuelle est un absolu et le respect de celle des autres n'est même plus un frein ; liberté totale de procréer, liberté de toutes les formes de mariage, liberté d'adopter, liberté de tester et évidemment liberté de penser, de proclamer, de dire, de faire... Le « moi » dans les comportements collectifs : « mon » emploi, « mes » horaires, « mon » bonus, fût-ce aux dépens des solidarités traditionnelles ; être syndicaliste est désormais une tâche à la Sisyphe ; fabriquer de la solidarité avec des individus en anomie, suivant le mot de Durkheim, est une gageure. Le « moi » dans la quête de nouveaux droits : le culte de l'écologie est une manifestation indirecte du narcissisme ; la nature m'appartient comme mon corps. Le seul mot de ralliement commun aux adolescents, aux adultes et aux vieillards est : « moi ».

Le pendant économique de cet individualisme est naturellement le consumérisme. Celui-ci va désormais très au-delà du simple bonheur de la consommation de masse : acheter beaucoup, à moindre prix, le plus vite possible. C'est désormais une posture sociale. De combat, s'il le faut, face aux grands distributeurs ou aux industriels : il n'y a pas de partenaires plus difficiles pour les entreprises que les consommateurs réunis en association : la « class action » [1] a remplacé la manifestation de rue. Posture de revendication : l'individu n'accepte plus la condition serve de l'usager ; il se veut consommateur de tout, y compris de services publics, en particulier de santé et d'éducation et exige le libre choix du médecin, de la clinique, de l'école, du cursus universitaire. Posture politique : l'électeur est un consommateur de programmes, de personnalités, de mythes et il « zappe » sur l'échiquier public comme avec ses chaînes de télévision ; la quintessence de l'art politique est désormais d'attirer, fût-ce pour un seul scrutin, les électeurs zappeurs. Posture même religieuse : la montée des sectes, la multiplication des rites atypiques, le développement des mouvements charismatiques témoignent du désir des croyants de bricoler leur foi et d'aménager leur pratique en prenant, tels de vrais consommateurs, ce qui leur convient dans telle ou telle Eglise ou dans tel ou tel catéchisme. Posture naturellement idéologique : les grands systèmes de pensée clos sont morts, qui donnaient une explication univoque du monde ; le « kit » est désormais la norme en matière d'idées. Un zeste de libéralisme, une once de socialisme, un résidu de collectivisme :

1. « Class action » : action judiciaire collective menée aux Etats-Unis afin d'obtenir des dédommagements.

chacun, là aussi, bricole. Consumérisme et bricolage sont, en effet, indissociables : la liberté de choix en tout et pour tout crée un besoin inassouvi de bricoler.

L'individu roi ne se fait pas paradoxalement à l'isolement. Les classes sociales ont disparu mais les clans n'ont jamais été aussi vigoureux. Trêve de messianisme, de rêve et d'idéal comme les classes, consciemment ou non, s'y adonnaient ! Place aux micro-solidarités, aux liens de voisinage, aux quêtes des racines locales, aux ancrages communautaires, aux francs-maçonneries en tous genres, aux corporations de toutes natures. Le besoin d'adhésion n'a jamais été aussi grand mais il se manifeste de la manière la plus ouverte possible : rien n'est incompatible, le catholicisme avec la franc-maçonnerie, le corporatisme professionnel avec l'écologie, l'action caritative avec le rugby... Seules les institutions traditionnelles échappent à cet engouement : ni les partis politiques, ni les syndicats nationaux, ni les Eglises ne bénéficient de ce regain d'enthousiasme et de militantisme, comme si trop usés, trop liés à des mythes surannés, trop prisonniers de leurs rites et de leurs passés, ils n'arrivaient plus à susciter un sentiment de confiance et d'adhésion. L'avenir appartient aux chaînes de solidarité, aux réseaux, aux clubs de reconnaissance mutuelle, bien davantage qu'aux classes sociales. Dans ce nouveau monde le prolétariat n'a guère sa place, mais la classe dominante non plus. Ce sont les clans et les tribus, ravalés aux couleurs du jour, qui prennent le dessus, témoignant d'une résurgence brutale de l'affect, de l'émotion et d'un besoin primaire de solidarité. Les classes traditionnelles étaient trop lointaines, trop abstraites, pour répondre à de tels désirs de chaleur humaine et de complicité. Le syndicaliste des impôts, le franc-maçon version gauche ou droite, le militant du dialecte béarnais, l'administrateur de Médecins du monde ne trouveraient jamais la même connivence dans le « parti de la classe ouvrière » ou dans l'establishment traditionnel que dans leurs organisations actuelles. L'individu roi n'apprécie pas, paradoxalement, la solitude ; il aime chasser en meute ; plus il appartient à des meutes différentes et nombreuses, plus il est heureux.

La pression du système économique est évidemment décisive dans cette évolution : celui-ci est omnipuissant et anonyme ; il sécrète et encourage les traits les plus typiques de l'individu roi. Ce n'est pas d'hier que le marché et l'individu roi font bon ménage. Mais ce principe cardinal de l'économie politique classique avait été, pendant des décennies, battu en brèche par la transformation des entreprises en gigantesques machines bureaucratiques et par l'apparition de syndicats puissants. C'étaient l'ère des *managers*, l'époque du fordisme triomphant, la période des grands accords contractuels, l'édification de gigantesques usines, l'apogée des informatiques centralisées.

Nous vivons un basculement bord sur bord. D'un côté des masses de capitaux anonymes qui se déplacent, tels de gigantesques nuages, en surplomb de l'économie réelle ; de l'autre des myriades d'analystes, de *traders*, de courtiers, tous individualistes forcenés et rétifs à toute forme de travail collectif. D'un côté une révolution technologique qui constitue, après le chemin de fer et l'électricité, le nouveau vecteur de la modernité ; de l'autre une efflorescence d'entrepreneurs, de créateurs de *start-up*, d'ingénieurs géniaux, d'artisans à moitié fous, d'anarchistes productifs, de libertaires stakhanovistes. D'un côté des entreprises qui paraissent céder au fantasme du nombre avec des centaines de milliers d'employés ; de l'autre une décentralisation incroyablement sophistiquée qui fait d'un General Electric le regroupement rationnel de milliers de PME. D'un côté toujours, des lames de fond macro-économiques qui semblent ne laisser aucune place à l'individu ; de l'autre un espace plus grand que jamais pour la création entrepreneuriale.

Les contempteurs de l'économie contemporaine pointent du doigt sa puissance, sa violence, son arrogance aveugle, son côté fatal. Ils n'ont pas tort : une crise boursière, un mouvement de délocalisation, une envolée du prix du pétrole semblent de véritables « tsunamis ». Mais prisonniers de leur vulgate anticapitaliste, ils ne veulent pas voir que *l'homo economicus* n'a jamais été moins aliéné. C'est vrai évidemment du créateur, mais aussi de l'ouvrier d'usine dont la fonction est plus riche qu'elle ne l'était au temps des grandes chaînes productivistes. C'est vrai du gestionnaire de micro-entreprise, mais encore du courtier d'assurances, moins prisonnier de son écran et de procédures informatiques rigides qu'autrefois. Ne mesurer certes que cet aspect-là de la modernité serait évidemment aussi naïf que l'attitude symétrique des militants d'ATTAC.

L'économie est désormais schizophrène et sa schizophrénie participe du passage de la démocratie à l'hyperdémocratie : elle bouscule les structures hiérarchisées, les rapports de forces, les compromis, les arrangements entre classes sociales qui semblaient la quintessence de la vie collective ; elle met sur le pavois en revanche l'individu, multiplie ses possibilités de choix comme producteur ou comme consommateur, lui donne une liberté de comportement qu'il n'aurait pu imaginer, il y a encore quelques années.

Tocqueville avait pressenti que l'opinion publique allait devenir un rouage essentiel de la démocratie. Il mesurerait aujourd'hui combien à l'hyperdémocratie correspond une « hyperopinion ». « L'empire souverain de l'opinion publique » ; « une sorte de pression immense de l'esprit de tous sur l'intelligence de chacun » ; « l'individu est bien près de reconnaître qu'il a tort, quand le plus grand nombre l'affirme » ; « la majorité n'a pas besoin de le convaincre, elle le convainc » ; « de quelque manière qu'on organise les pouvoirs d'une société démocratique et qu'on les pondère, il sera très difficile d'y croire ce que regrette la masse et d'y professer ce qu'elle condamne » ; « l'opinion commune est le seul guide qui reste à la raison individuelle chez les peuples démocratiques, elle pèse d'un poids immense sur l'esprit de chaque individu » ; « la foi dans l'opinion commune deviendra une sorte de religion dont la majorité sera le prophète ». Autant d'aphorismes de notre hobereau libéral qui se vérifient, eux aussi, à la puissance dix : telles sont désormais les tables de la loi.

Démocratie d'opinion et économie de marché sont devenues si indissociables que la tentation est grande d'assimiler opinion et marché. L'une et l'autre vibrent à l'unisson. Ils partagent une même émotivité : les marchés financiers surréagissent à la moindre nouvelle qui les perturbe, autant que les citoyens aux événements. Un même goût de l'anticipation : les opérateurs jouent en rebond sur les effets au deuxième degré d'une annonce, voire les contre-chocs, comme les gourous de l'opinion lorsqu'ils soupèsent non les conséquences directes d'une décision, mais leurs incidences lointaines sur les gouvernants et donc sur leur capacité ultérieure de gestion. Une même imprévisibilité : les volte-face sont le pain quotidien du marché et de l'opinion, même si l'optimisme théorique conduit à postuler pour le premier les bienfaits d'une éternelle « main invisible » et pour la seconde la manifestation, à la fin des fins, de son « intelligence ». L'opinion se doit d'être intelligente, comme le marché d'être rationnel : ainsi soit-il...

Or, quels sont les substrats de cette opinion devenue la quille de l'hyperdémocratie, à la fois son stabilisateur et son facteur de déséquilibre ? Les sondages, bien sûr, qui fabriquent une étrange *vox populi* aussi irrésistible qu'incertaine, aussi irréfutable qu'incompétente et qui donne l'illusion d'une addition exacte de microdécisions individuelles, faisant de la sorte de l'opinion l'expression collective et incontestable de l'individualisme. Mais plus encore le centre de gravité des sentiments des journalistes. Tocqueville ne s'y était pas trompé : « Lorsqu'un grand nombre des organes de presse parvient à marcher dans la même voie, leur influence, à la longue, devient presque irrésistible et l'opinion publique, frappée toujours du même côté, finit par céder sous leurs coups. » Encore ne ressentait-il que le poids des gazettes de son époque ! Il était à mille lieues d'imaginer le matraquage du « média-monde », sa capacité d'assener, d'obséder, de dominer. Les journalistes ne résistent guère à l'ubris : je pense, donc je suis l'opinion publique... Née d'un précipité chimique entre les sondages et les médias, cette opinion publique divorce de la société civile traditionnelle, avec ses acteurs sociaux, ses débats, ses affrontements. Elle est l'expression d'une société faite d'individus atomisés, sans Histoire, sans tradition, sans dynamique. Le triomphe de l'opinion ne marque pas l'apothéose de la vie collective mais son déclin, à rebours de la prophétie des philosophes des Lumières qui voyaient l'opinion et la société grandir ensemble.

Quelle place demeure pour l'élite sous les coups de boutoir de l'opinion ? Seule force sociale, celle-ci ne lui reconnaît aucune légitimité. Elle se livre volontiers à sa démolition, avec l'aide de son associé traditionnel, les médias, et d'un allié de circonstance, la justice.

En effet, au débouché du marché et de l'opinion, s'impose, tutélaire et incontestée, une nouvelle figure : le juge. Vis-à-vis du marché, celuici est devenu le garant de la compétition et de la concurrence. Rien n'est plus heureux : la société se civilise d'autant plus que le droit et le marché apparaissent indissociables. Le marché sans le droit, c'est la jungle ; le droit sans le marché, c'est le règne de la bureaucratie et l'immobilité. Peu de personnages sont aussi importants que les magistrats en charge de la tutelle du marché, donc de la concurrence, de la transparence financière, de la régulation sectorielle, de l'éthique ou de la responsabilité pénale des chefs d'entreprise. Mais ils ne deviennent pas, pour autant, une élite de substitution : le démon corporatiste les taraude, mais la machine judiciaire est plus forte que les hommes et, si brillants soient-ils, ceux-ci ne sont que les servants des appareils juridiques.

Il n'en va pas de même pour les juges d'instruction qui plongent, à pleines mains, dans la démocratie d'opinion. Car l'opinion, ce monstre anonyme, a trouvé en eux des serviteurs aussi diligents que les journalistes, et aussi avides de gloire pour leur compte et de vindicte vis-à-vis de leurs « clients ». L'alliance conclue par l'opinion, les médias et la justice d'investigation n'est pas de circonstance. Elle lie les forces dominantes de l'hyperdémocratie : l'opinion qui en est la quintessence, les médias qui en constituent la tour de guet, l'équivalent du panoptique cher à Michel Foucault, lorsqu'il étudiait les mécanismes de contrôle social et les juges devenus, en quelque sorte, les préposés à l'anti-élitisme. Aliénés côte à côte, domestiqués par les pouvoirs d'autrefois, juges et journalistes se sont affranchis de conserve. Ils ont suivi le même cheminement idéologique : hier, pour beaucoup d'entre eux, le militantisme ; aujourd'hui, le mythe effréné et rédempteur de la transparence. Celle-ci semble l'expression de la vertu incarnée : elle a donc le vent en poupe. Elle est devenue un ingrédient cardinal de l'idéologie ambiante, aux côtés du culte des droits de l'homme, partout, en tout et pour tout. Elle alimente la tentation populiste : la transparence absolue vire facilement au voyeurisme, le voyeurisme à la jalousie sociale, la jalousie sociale à la haine d' « en haut ».

Mais ce sont, pour le couple gémellaire juge/journaliste, des effets secondaires. L'opinion, ce moloch insatiable, réclame de la chair fraîche et du scandale ; ses fidèles serviteurs les lui fournissent. Ainsi satisfaite, elle sait être reconnaissante. Elle laisse entendre au juge qu'il incarne le seul pouvoir légitime et qu'il a un ascendant moral sur ses rivaux issus du suffrage universel.

De même flatte-t-elle l'encolure des « pur-sang » que sont les grands journalistes, leur faisant croire qu'ils scandent le rythme de la société et qu'en fixant ses hiérarchies et ses préoccupations, ils ont une vocation naturelle à en devenir les maîtres. La justice et les médias constituaient, en démocratie, des contre-pouvoirs essentiels ; ils deviennent, en hyperdémocratie, les deux premiers pouvoirs. Montesquieu est relégué dans la préhistoire, avec sa séparation entre exécutif, législatif, judiciaire ; l'opinion, les médias et la justice, leurs successeurs, ne sont pas eux séparés ; ils sont, au contraire, en communion.

Telle que fonctionne l'hyperdémocratie, les mécanismes mêmes du pouvoir changent. Celuici cède le pas à l'influence. Cette hyperdémocratie ne correspond évidemment pas au modèle le plus classique du pouvoir : autoritaire, hiérarchique, vertical, de l'Etat vers la société et, chez chaque acteur social, du haut vers le bas, avec entre les grands joueurs, des compromis, des accords, des conflits, tels qu'ils peuvent s'établir entre puissances de même niveau. Le nouveau pouvoir ne correspond exclusivement ni au règne de l'individu roi, ni aux solidarités tribales, ni à l'obsédante présence de l'opinion, ni aux jeux sophistiqués qui agissent, souterrains, en son sein. Il ne s'agit plus, en fait, de pouvoir mais d'influence. Ce n'est pas une mince différence. Le premier exprime l'autorité dans un système simple ; la seconde lui permet de cheminer dans un univers complexe. L'un correspond à des relations binaires entre organisations, entre individus, entre entreprises, entre pays. L'autre est au diapason de l'âge cybernétique : réactions ; contre-réactions ; effets dérivés ; effets pervers aussi ; jeux au deuxième, voire au troisième degré. C'est une réalité peu naturelle pour les Français. Enfants de Louis XIV, de Napoléon et de De Gaulle, ils ne connaissent que le pouvoir traditionnel : légitime, hiératique, arrogant.

Les Britanniques ont, eux, toujours préféré l'influence au pouvoir : posture spontanée du faible vis-à-vis du fort ; réaction viscérale de l'insulaire à l'égard du continent ; comportement spontané du marchand vis-à-vis du militaire ; mode d'être de l'empirique à l'égard du cartésien. Il existe maintes raisons de la meilleure adaptation du Royaume-Uni à la modernité, comparée aux états d'âme français. Mais le goût de l'influence, si souvent ignoré, compte davantage que les différentiels fiscaux : la bataille pour les Jeux olympiques de 2012 en est la caricature emblématique. L'influence britannique a pris l'ascendant sur le pouvoir français. Oublierait-on que chacune de ces puissances coloniales a transposé outre-mer, de ce point de vue, sa manière d'être ? Les Anglais traitaient avec les chefs de tribu ; les Français dessinaient des pays suivant les verticales et les horizontales et y déployaient des ingénieurs des Ponts et Chaussées et des agrégés de lettres. L'Inde se contrôlait, sous le régime de l'influence, avec cinquante mille hommes ; l'Afrique occidentale, modelée par le pouvoir de Paris, exigeait militaires, fonctionnaires et colons. Les arcanes de l'Union européenne en sont un autre témoignage : le Royaume-Uni pèse, chaque jour, davantage car les maîtres ès influences y trouvent d'autant plus leur voie que les procédures et les mécanismes sont complexes ; la France ne cesse de régresser car l'habitude du pouvoir se mue en d'illusoires coups de menton.

Ce qui est vrai à l'échelle du pays jeté dans les affres de la compétition mondiale l'est à l'intérieur même de notre village gaulois. C'est le drame de la politique à la française : habitués à régenter, nos hommes publics ont du mal à se faire au destin du Petit Prince de Saint-Exupéry qui croyait commander aux étoiles. C'est aussi le désespoir de notre élite traditionnelle : fervente pratiquante de l'autorité modèle militaire, elle s'étonne de voir la réalité lui résister ; elle ne comprend, ni ne maîtrise les jeux subtils de l'influence. Adepte de la boxe, française ou non, elle ne se convertit pas aux finesses du judo. Le pouvoir se définit ; l'influence ne se décrit pas. Le premier est « traçable » – suivant un des mots les plus à la mode du moment – ; la seconde diffuse et insaisissable. D'un côté, de l'ordre, donc des chefs ; de l'autre, des connivences, donc des responsables flous et changeants. Toujours du même côté, une concentration de puissance, donc une élite « sûre d'elle-même et dominatrice », comme le disait le général de Gaulle du peuple juif après la guerre des Six Jours ; de l'autre, des réseaux mobiles et changeants, donc un mode de commandement lui aussi ductile et incertain. Foucault décrivait en fait l'influence quand il évoquait un pouvoir « partout et nulle part » : il n'en existe aucune meilleure définition. L'influence ressemble au Dieu de Pascal qui, lui aussi, a « son centre partout et sa circonférence nulle part ».

Individualisme, opinion, influence sont donc les maîtres mots de l'hyperdémocratie. Ils sonnent la fin de l'élite traditionnelle mais ne dessinent pas, pour autant, une société égalitaire, telle une parousie inattendue du rêve communiste. Il existe bel et bien une nouvelle élite mais son déterminant est désormais la notoriété. Rien que de très normal... L'individualisme règne : ce sont des individus qui sont désormais élus et non plus des corps, des aristocraties, des clubs. L'opinion veille, adossée au média-monde : ce sont donc les médias qui déterminent désormais les notoriétés et les hiérarchies. L'influence a pris l'ascendant : l'élite de notoriété sait l'exercer, alors que rien ne la prédisposerait à remplir les rôles traditionnels du pouvoir.

Il ne s'agit pas de la substitution des présentateurs de télévision, des divas du petit écran, des animateurs d'émissions aux « deux cents familles ». Certes, quelques vedettes de TF1 ou France 2 sont désormais des maîtres de l'influence, mais ce n'est pas la gent télévisuelle qui régente la France. En revanche la notoriété a remodelé les hiérarchies de tous les milieux. Bourdieu pouvait s'en désoler : l'intellectuel médiatique a pris le pas sur le chercheur, l'expert tous azimuts sur le professeur au Collège de France, le gourou du petit écran sur l'anthropologue. Ils ont un poids sur le débat public dont l'armée des divas universitaires n'oserait rêver. Ils ne remplaceront jamais les grandes figures de l'après-guerre, mais leur présence est plus que sensible : interpellé à la télévision par un publiciste connu, un Premier ministre se doit de répondre, alors qu'il traite comme quantité négligeable la plupart des éditoriaux écrits. Ce qui est vrai des intellectuels, l'est dans chaque chapelle. Un président du MEDEF médiatique et digne d'être caricaturé par les guignols de l'Info, a une parole qui porte plus loin que celle d'un bureaucrate terne et compétent de l'organisation patronale. Un homme politique préfère cent fois être connu, fût-ce au prix d'une médiocre cote de sympathie, que de rester dans l'anonymat du Parlement. Un grand patron semble d'autant plus important qu'il fait corps avec une entreprise grand public, de sorte qu'on imagine Michel Edouard Leclerc plus puissant que le président de Total : c'est d'ailleurs le cas, car sa capacité d'interpellation publique est sans commune mesure. L'influence s'exerce, en effet, sur deux terrains : clandestine et souterraine, circulant le long des réseaux et des clans qui charpentent la société ; publique et brutale, se mesurant à la force des prises de parole. Les membres de l'élite notoire qui sont capables de jouer sur ce double clavier bénéficient d'une position exceptionnelle : homme de l'ombre et de la lumière, telle est la martingale en hyperdémocratie.

Une fois le primat de la notoriété accepté, les représentations collectives de la promotion sociale changent. La classe la plus élevée de la société doit être sa maquette, dès lors qu'elle n'a plus vocation à en représenter l'épine dorsale. Ayant compris, peut-être plus vite que nous, l'empirisme aidant, les nouvelles règles du jeu, les Britanniques vont jusqu'au terme du processus, peuplant la Chambre des lords de représentants élégants et raffinés des minorités, de manière à afficher *urbi et orbi* que l'élite est représentative du pays. Ainsi la Chambre haute devient-elle le kaléidoscope de la notoriété et du communautarisme. C'est en effet un changement majeur : le « capital élargi » version Bourdieu n'est plus un sésame pour appartenir à l'élite de notoriété ; la méritocratie traditionnelle n'est pas davantage une garantie ; la circulation sur les franges de la bourgeoisie ne sert plus à rien.

Certes le primat demeure à la réussite, mais les critères se sont transformés : ils se sont mis au diapason de la société du spectacle. De là une métamorphose du creuset républicain : il ne peut plus fonctionner avec pour seule échelle le mérite, et pour seule idéologie l'égalité des chances. L'accès à l'élite de notoriété est plus diversifié, les cheminements multiples, les trajectoires moins balisées, les cursus moins formels. Les médias bien sûr, les arts, la publicité, toutes les formes de création, les *start-up* : autant d'itinéraires qui échappent au « capital élargi ». Ce n'est pas un hasard si l'on rencontre sur ces chemins-là davantage d'étrangers, de beurs, de représentants des minorités ethniques. L'élite de notoriété est plus bigarrée, plus inattendue, plus « black beur bleue », même si, au regard d'un *establishment* britannique en pleine métamorphose, les changements paraissent chez nous encore modestes. Peut-être est-ce un nouveau modèle d'intégration qui se dessine de la sorte. Les minorités, les enfants des classes modestes avaient, nous le savons, de moins en moins de chances de s'intégrer à l'élite traditionnelle : ils peuvent espérer devenir la quintessence de l'élite de notoriété.

L'élite à l'ancienne cédant donc le pas à une élite de notoriété, plus adaptée au monde moderne et surtout plus ouverte, le rêve d'intégration peut retrouver une nouvelle jeunesse. Il ne sera plus l'expression du mythe républicain égalitaire ; il s'accommodera d'une société plus communautaire ; il correspondra à une mécanique de promotion qui verra les multiples communautés envoyer leurs meilleurs éléments vers cette nouvelle élite. Mais celle-ci n'exigera pas de ses nouveaux membres qu'ils abandonnent leurs traditions et leurs racines, à l'instar de la bourgeoisie traditionnelle qui trouvait son intérêt à accueillir des éléments allogènes, dès lors que ceux-ci se présentaient vierges de tout ancrage et obsédés par un désir d'assimilation. La machine à broyer les identités, de manière à fabriquer des chefs se ressemblant tous, est devenue obsolète avec la substitution de l'élite de notoriété à l'élite de pouvoir.

L'hyperdémocratie sera, de ce point de vue, moins républicaine et plus démocrate au sens de la distinction que Régis Debray avait introduite entre ces ceux notions. Le rêve républicain bâti autour de l'Etat et du suffrage universel ; l'idéal démocrate construit avec des acteurs sociaux autonomes jouant alternativement les pouvoirs et les contre-pouvoirs. Rien n'est plus logique : la victoire du marché et le triomphe de l'opinion ont donné un ascendant durable aux démocrates sur les républicains. Tout s'emboîte : c'est un dispositif social cohérent qui se met en place sous nos yeux. Les élites à l'ancienne y auront une place de plus en plus restreinte : sans doute n'en sont-elles guère conscientes, mais c'est une cécité qui s'ajoute à bien d'autres.

5

Une nouvelle « trahison des clercs »

La « trahison des clercs » modèle XXIe siècle n'a évidemment rien de commun avec celle que Julien Benda stigmatisait dans les années trente : il reprochait aux clercs, c'est-à-dire à ses yeux aux intellectuels de faire le jeu des passions politiques : « Jamais on ne vit tant d'œuvres, parmi celles qui devraient être des miroirs de l'intelligence désintéressée, être des œuvres politiques. » La question est aujourd'hui tout autre : les clercs contemporains, c'est-à-dire, si l'on accepte cette extension du terme, les élites, ont-ils leur part de responsabilité dans le déclin qui leur est promis ?

C'est une question récurrente dans un pays aussi narcissique que le nôtre. Taine s'interrogeait, par exemple, sur le sujet dans *Les Origines de la France contemporaine* : « Une lente et profonde révolution a détruit la hiérarchie intime des suprématies acceptées et des déférences volontaires... Déjà avant l'écroulement final, la France est dissoute et elle est dissoute parce que les privilégiés ont oublié leurs caractères d'hommes publics. » Renan n'était pas en reste dans *La Réforme intellectuelle et morale* : « Ces hommes d'Etat, si sûrs de leur fait, se sont trouvés des enfants. Cette administration infatuée a été convaincue d'incapacité. Cette instruction publique, fermée à tout progrès, est convaincue d'avoir laissé l'esprit de la France s'abîmer dans la nullité... L'impertinence vaniteuse de l'administration officielle, persuadée que l'Europe l'admirait et l'enviait rendait toute observation inutile et toute réforme impossible. » La litanie serait longue des textes où l'autoflagellation le dispute à la lucidité, l'autocritique à l'analyse, l'autodérision au pessimisme.

Nous sommes à nouveau face aux mêmes interrogations : responsables ou coupables, sujets ou objets de l'Histoire, victimes ou pyromanes... Ce n'est pas un procès en sorcellerie que nous nous ferions à nous-mêmes, car les chefs d'accusation à notre endroit ne sont pas minces : un incurable provincialisme, le déni du réel, la réticence à la compétition, l'esprit de cour, un laisser-aller moral, la disparition de tout projet collectif. Sans doute la loi d'airain qui condamne à mort les élites traditionnelles est-elle plus puissante que tous ces phénomènes, mais ils aggravent à l'évidence notre cas.

L'acte d'accusation, s'il existe, ne vise pas exclusivement ce que d'aucuns appellent la « super-élite », les quelques centaines d'individus qui se rencontrent au « Siècle » [1], participent aux mêmes fêtes, s'autocongratulent et détiennent collectivement un ascendant impressionnant sur la société française. Il concerne au moins autant ce que, pour parodier Marx, on pourrait baptiser la « lumpen-élite » : les dizaines de milliers d'hommes politiques de terrain, de cadres dirigeants d'entreprises, d'hommes de culture, d'enseignants du supérieur, de chercheurs scientifiques, de journalistes de base, de magistrats de province, de fonctionnaires de catégorie A, de « bacs + 5, 7 ou 9 » dont seuls quelques-uns parviennent à pénétrer le « sanhédrin » de la super-élite mais qui vivent tous avec à l'esprit les mêmes réflexes et les mêmes codes intellectuels. Ils constituent le bain amniotique dans lequel se développe la super-élite. De la même manière qu'à l'époque la plus rigide de l'Ancien Régime la noblesse de cour n'était pas coupée de la noblesse de robe, le haut clergé du bas clergé, la haute élite d'aujourd'hui ne l'est

1. Le « Siècle » : club où se rencontrent deux à trois cents dirigeants de tous horizons.

pas davantage de la basse élite : l'une et l'autre relèvent d'une même psychologie collective. Si la haute élite vivait en effet dans sa bulle, déconnectée de tous, y compris de ceux qui lui sont, par l'éducation ou la culture, les plus proches, elle aurait explosé, il y a longtemps. Il existe dans une société, même fragmentée et hiérarchisée, un continuum vers le sommet, au moins en termes d'idées et de réflexes. La haute cléricature est même, sur certains enjeux liés à la compréhension du monde contemporain, plus ouverte et moderne que la basse.

C'est le cas, en particulier, vis-à-vis de l'indécrottable provincialisme français. Nous nous trompons de déclin, lorsque nous battons notre coulpe. Notre recul économique demeure mesuré ; notre effondrement intellectuel, artistique, culturel, scientifique, académique, linguistique est terrifiant et les élites – au sens, cette fois-ci large – ne veulent pas le voir. « L'exception culturelle » à la française a créé un « écosystème », gratifiant pour les tirades cocardières et agréable pour les rentiers qu'elle suscite, mais terrifiant.

Le destin professionnel d'un jeune peintre talentueux ? Etre distingué par un fonds régional d'art contemporain, recevoir des commandes étatiques, être nommé professeur aux Beaux-Arts, finir à l'Institut. Quelles occasions aura-t-il, dans cette vie au cordeau, de se confronter à la concurrence des Espagnols, Allemands ou Américains ? Aucune. Comment s'étonner, dès lors, que les Français fassent pâle figure sur le marché mondial de l'art, ce sismographe de la modernité ?

La carrière d'un jeune cinéaste original ? Obtenir sur un premier projet l'avance sur recettes, entrer sur son second film dans le système de financement des chaînes de télévision et ne penser au marché mondial que par accident.

La carrière mondiale d'un écrivain français ? Lorsque Umberto Eco ou Gunter Grass sortent un nouveau livre en italien ou en allemand, donc dans des langues qui ne bénéficient pas du même effet de masse que l'anglais ou l'espagnol, ce sont des événements mondiaux, accompagnés d'innombrables traductions simultanées. Quel écrivain français de qualité peut prétendre disposer d'un lectorat de ce type ? Pourquoi nos auteurs les meilleurs se lanceraient-ils dans cette course, dès lors qu'entre leurs droits, leurs viagers de critiques littéraires, leurs prestations en tous genres, ils trouvent « le bonheur dans le pré » ? Houellebecq et Marc Levy sont certes des contre-exemples mais jouent-ils dans la même division que Vargas Llosa, García Márquez, Philip Roth ?

En va-t-il différemment pour nos musiciens, nos hommes de théâtre ? Nenni. Pour nos historiens ou nos spécialistes en sciences humaines ? Oui, à la condition qu'ils soient allés chercher la consécration dans de grandes universités américaines.

Car notre provincialisme universitaire est à la mesure de notre provincialisme culturel. Lorsque des travaux sont sortis, annonçant que la première université française dans un classement international était répertoriée au-delà de la soixantième place, fut-ce un signal d'alarme ? En aucun cas : c'est la méthodologie de la recherche que les commentateurs ont critiquée. Quand les jeunes chercheurs votent avec leurs pieds, acceptant les propositions de Yale ou de Princeton, comment réagissent leurs aînés ? Soit en les considérant comme de mauvais Français, soit en y voyant hypocritement un gage de cosmopolitisme, comme si leur retour dans la mère patrie était une certitude. Lorsque la part de marché de la France baisse drastiquement pour les dépôts de brevets, situation que ne connaissent ni le Royaume-Uni, ni l'Allemagne, qu'entend-on ? La recherche-développement ne se juge pas au nombre de brevets et notre situation demeure globalement satisfaisante. Quand l'Ecole polytechnique n'attire comme étrangers que des étudiants originaires du tiers-monde le plus pauvre, et hormis quelques Vietnamiens, guère d'Asiatiques, le conseil d'administration de ce temple national y voit-il un signe qui le conduirait à rechercher un rapprochement avec maintes grandes écoles, afin d'atteindre la masse critique ? Quelle idée saugrenue... Notre nombre de plus en plus limité de Prix Nobel, notre présence de moins en moins notoire dans les grands colloques, notre recul dans toutes les disciplines, hormis peut-être les mathématiques ? Tabou, encore tabou, toujours tabou.

Au moins nos scientifiques écrivent-ils encore la moitié de leurs articles en français, penseront d'aucuns, puisque la loi les y oblige. C'est un des piliers de la francophonie transformée en Fort Chabrol linguistique. Au lieu d'accepter, à côté de notre langue, cet esperanto qu'est désormais l'anglais, d'en faire un enseignement obligatoire, de manière à donner à nos concitoyens le moyen de parler au monde entier et, une fois garantie de la sorte notre ouverture sur l'étranger, de faire jouer au français son rôle de référence culturelle, nous avons préféré édicter des règles, des barrières, des garde-fous, menant la plus défensive des stratégies et donc la plus inefficace. L'arrogance se mêle, en la matière, aux pires complexes : c'est le propre des lignes Maginot. La défense d'une langue est vitale : c'est la dernière forme d'identité qui nous reste, mais elle doit se pratiquer, toutes fenêtres ouvertes, et non en hérissant la pratique du français de meurtrières et de mâchicoulis. Le cosmopolitisme répond aux défis du monde, non le protectionnisme : vérité première en matière linguistique, comme dans les autres domaines.

Pourquoi le monde de l'esprit cristallise-t-il notre provincialisme, davantage encore que les autres univers ? Voilà une troublante question sans réponse : elle est humiliante pour un pays qui avait fait de son ascendant culturel et intellectuel son premier instrument de puissance. Le provincialisme dans lequel se complaisent nos élites, – moins d'ailleurs la super-élite que la « lumpen-élite » – va évidemment de pair avec le refus du réel. S'isoler est le meilleur moyen de rejeter le monde tel qu'il est. C'est un réflexe familier à la classe dirigeante. Refus du réel : les antiennes antilibérales, les philippiques antimondialisation, les apologies d'un modèle alternatif, les ukases anti-américains, le culte irréfléchi d'un pseudo-modèle français. Refus du réel : l'illusion de résister à la pression de la mondialisation, le désir de prolonger éternellement un système obsolète, le rejet des contraintes financières. Refus du réel, toujours : la croyance en un Etat bouclier, la conviction que les dépenses collectives peuvent échapper à la pesanteur économique, la certitude qu'il existe des voies de traverse pour éviter les rigueurs du marché mondial, l'affirmation prétentieuse que la France serait la seule à savoir distinguer l'économie de marché et la société de marché.

Ces réactions immatures sont inégalement réparties dans les élites, toutes catégories confondues, de la plus haute à la plus basse : dominantes dans le monde enseignant, chez les chercheurs et chez les servants de l'exception culturelle, rarissimes chez les chefs d'entreprise, inégalement présentes chez les hommes politiques, les hauts fonctionnaires et les vestales des médias. Mais, même sous une forme atténuée, elles constituent l'humus idéologique de la société française. Dans un pays où la politique est reine, le discours des gouvernants et des opposants officiels joue un rôle décisif pour modeler l'esprit collectif. De ce point de vue, le langage de vérité est une anomalie dans la kyrielle des rhétoriques politiques que nous avons entendues depuis des décennies et la situation n'a cessé, depuis quelques années, d'empirer. Jacques Chirac a fait du relativisme l'épine dorsale de son action publique : rien n'est essentiel ; tout s'arrange ; c'est affaire de temps et d'argent public. Et, puisque rien n'est grave, pourquoi se refuser le confort d'être plus « vert » que les écologistes, plus tiers-mondiste que les organisations non gouvernementales, plus anti-américain que les spécialistes de la chose, plus dépensier que les keynésiens, plus anticapitaliste que les retraités d'ATTAC, plus attaché à la sécurité sociale que les permanents syndicaux, plus cocardier que les adeptes du patriotisme économique ? Relativisme réfléchi ou démagogie tous azimuts ? C'est affaire de jugement. Sans céder au culte du politique et à la survalorisation du chef, il ne faut jamais oublier que la France est une monarchie élective et que la vision du monde du monarque pèse lourd. Le discours politique chiraquien a fait régresser l'esprit public, mais il est au diapason des convictions d'une partie des élites qu'il a d'ailleurs poussées à persévérer dans leurs fantasmes.

Si le chiraquisme gobe par opportunisme toutes les figures « anti-réalistes », il n'en a pas le monopole. Il existe une difficulté congénitale des vieilles élites à accepter la *diminutio capitis* de l'Europe dans le monde, de la France en Europe, du monde d'hier en France, donc de leur propre importance. De là le goût des vieilles lunes, des illusions nationalistes, de la survalorisation de l'Etat, de la quête de discours novateurs dans la forme mais nostalgiques sur le fond. La machine à créer des fantasmes continue à tourner à plein régime. Reconnaître la réalité, telle qu'elle est, est, paraît-il, un acte de soumission. Caricature ? Il suffit de lire, d'écouter, d'entendre. La « pensée unique » a changé de camp ; ce n'est plus la rhétorique de l'adaptation au monde ; c'est celle de la résistance face aux mutations.

Le cœur de cette idéologie de la régression est évidemment le refus de la compétition. C'est un mot que les élites à l'ancienne n'aiment pas pour elles-mêmes : une fois leurs positions acquises, trêve de concurrence ! Il est de bon ton de la prôner pour les petits et les sans-grade, mais de la refuser pour soi, au nom d'exigences de qualité et de compétences. La fin du monopole de l'ENA, sa mise en compétition avec d'autres écoles, d'autres diplômes, y compris étrangers ? Une ânerie. La disparition des privilèges des grands corps de l'Etat ? Une stupidité. La fin du statut de hauts fonctionnaires à vie ? Une absurdité.

Mais ce conservatisme n'est pas l'apanage de la seule phalange technocratique. Le monde universitaire raisonne à l'avenant. Des universités en vraie concurrence ? Le savoir livré au règne de l'argent, comme si compétition et financement privé étaient synonymes ! Des centres de recherche contraints à l'émulation ? Une démarche antiscientifique ! Une compétition ouverte dans l'univers artistique et culturel ? La dictature du profit ! Des systèmes moins protectionnistes dans le domaine de la télévision et des médias ? La dilapidation du patrimoine national ! Des procédures afin de mieux aérer la vie politique, de faire partir les potentats éternels, de faire venir de nouveaux talents ? Une atteinte au libre choix démocratique ! L'affirmation, à l'anglo-saxonne du gouvernement d'entreprise, l'évaluation des patrons, la recherche, dans la transparence, des PDG ? Des contraintes subies plus que désirées, des concessions inévitables, mais peu appréciées, face aux exigences des investisseurs internationaux !

La compétition, la concurrence, l'émulation ne font pas davantage partie du patrimoine génétique des élites traditionnelles que de l'ensemble de la population. Peut-être sont-elles même, de ce point de vue, en retard sur le pays. Les citoyens « ordinaires » ont davantage découvert la concurrence : consommateurs, ils en connaissent les mérites ; salariés, ils en mesurent les contraintes ; usagers des services publics de base, ils en ont entrevu certains effets positifs. Les puissants fréquentent moins les hypermarchés, cherchent moins à optimiser leur consommation téléphonique, sont moins menacés par les restructurations ou, en tout cas, en sont mieux protégés. De là une attitude plus frileuse. Les comportements ne sont pas, même pour les libéraux en paroles, l'illustration des discours publics. Pour un Anglais, de l'*upper class* ou de la classe moyenne, la compétition est viscéralement perçue comme un « plus » ; pour un Français du même niveau social, c'est d'abord une menace. Comment attendre des élites une pédagogie en cette matière à l'égard du pays, dès lors qu'elles-mêmes ne se sentent pas à l'aise dans un monde de concurrence ?

Derrière cet état d'esprit traînent, inconscientes, les réminiscences de l'esprit de cour. C'est une de mes plus vieilles convictions : si les élites françaises n'ont pas toujours été au rendez-vous, elles le doivent à leur excès de respect à l'égard du pouvoir en place. Elles ont été formatées, depuis Louis XIV, à la déférence ; elles ne se sont jamais rebellées : d'où leurs lâchetés, leurs ambiguïtés face au régime de Vichy. Il aura fallu bien des coups de boutoir, avant qu'à de rares exceptions près hauts fonctionnaires, industriels, grands de tous les mondes, se rapprochent à pas comptés de Londres et de la Résistance. C'est l'inverse de la classe dominante britannique, aristocratie en tête, qui s'est affirmée loin du pouvoir et parfois contre la monarchie : la déférence institutionnelle ne lui est pas familière ; elle est trop sûre d'elle pour s'encombrer de pareilles courbettes.

La Ve République a, avec ses allures de monarchie démocratique, redonné vie à l'esprit de cour. Celui-ci ne se résume naturellement pas aux vieilles traditions versaillaises revues et corrigées par le protocole élyséen : décorations, honneurs, invitations dans les voyages officiels, réceptions d'Etat... Au-delà des hochets, demeurent les réflexes traditionnels de déférence. Qu'en pense le président ? Que souhaite-t-il ? Quels signes a-t-il donnés ? Qui a-t-il reçu ? Interrogations qui s'appliquent souvent à des enjeux dans lesquels l'Etat n'a rien à dire, et donc le chef de l'Etat non plus. Rapprochements économiques purement privés ; nominations de patrons de presse ; élections académiques ; choix de grands responsables en dehors de l'orbite publique ; initiatives face à l'opinion : autant d'événements inhérents au fonctionnement de la société, dont les responsables politiques seraient, dans les pays étrangers, informés par la lecture des journaux et qui donnent lieu en France, au moins à une information préalable de l'Elysée et le plus souvent à la recherche d'un *nihil obstat* informel, voire à la quête d'une approbation explicite. L'ombre du « Château », suivant une métaphore révélatrice, surplombe la vie de l'élite, bien davantage que celle du pays : phénomène étonnant qui s'est perpétué, depuis 1958, indépendamment de la personnalité des monarques. Le tempérament de Jacques Chirac aurait dû, en principe, atténuer ces réflexes ; il n'en peut mais ; il a beau tutoyer des centaines de personnes, privilège que François Mitterrand réservait à une poignée de fidèles, le « Château » est aussi omniprésent dans l'esprit des *happy few* que sous ses prédécesseurs.

Les ravages de l'esprit de cour sont dévastateurs. Ils limitent le goût de l'insolence, la quête des idées iconoclastes, le désir d'opposition, l'envie de changement. L'esprit des courtisans évolue au rythme de celui du monarque ce qui, sous aucun régime, n'est un gage de modernité et d'acceptation de la compétition. Les élites françaises ne se sont libérées des habitudes de cour que sous des Constitutions faibles, IIIe et IVe Républiques : c'était le seul effet positif de l'incurie institutionnelle de l'époque. Mais leurs réflexes ont repris le dessus, dès que l'occasion leur en a été donnée.

Il y a, au titre de l'acte d'accusation, plus grave que l'esprit de cour : le laisser-aller moral. Est-il plus développé qu'autrefois ? Sans doute pas, mais la démocratie d'opinion est plus sourcilleuse et la transparence plus grande. Est-il plus sensible qu'à l'étranger ? En aucun cas : tout laisse au contraire penser que nos élites traditionnelles sont plus vertueuses que leurs équivalentes américaines, allemandes, italiennes ;

moins obsédées par l'argent, moins parcourues par les clans, moins corrompues... Mais l'opinion n'a cure de cet étalonnage international ; elle juge au regard de ses propres attentes et de ses fantasmes. Ce que Pierre Rosanvallon qualifie de passage de la « démocratie de confrontation » à la « démocratie d'imputation », correspond à une recherche non plus du débat d'idées mais de la responsabilité individuelle.

De là le poids exorbitant que prennent les mauvais exemples, les comportements sans retenue, les abus en tous genres. Les élites auraient dû pratiquer davantage l'autocensure. Excès par exemple des « paquets » financiers des grands patrons : rémunérations, avantages en nature, *stock options* et retraites. Ce n'est certes pas une caractéristique française. La presse anglo-saxonne n'a, par exemple, de cesse de s'attaquer à ceux qu'elle appelle drôlement les *fat cats* – les matous dodus –, c'est-à-dire les patrons trop grassement rémunérés. La société française est plus mûre sur ces questions que la classe dirigeante ne l'a longtemps cru : le patronat a refusé, des années durant, la publication des salaires, au nom de la sécurité de ses enfants et autres fariboles du même genre et en réalité par crainte des réactions de l'opinion. Il ne s'est rien produit, lorsque la divulgation est devenue obligatoire. C'est l'accumulation des avantages qui provoque des réactions, au demeurant légitimes. Ainsi de l'addition de salaires établis en fonction du tarif international, de *stock options* octroyées sur les meilleurs standards européens, d'indemnités de licenciement et de retraites établies sur la base d'une rémunération de plusieurs millions d'euros et d'années de cotisation calculées plus avantageusement que par la Sécurité sociale. Les mécanismes de l'Etat-providence appliqués à des salaires faramineux, le tout à la charge de l'entreprise : voilà de quoi provoquer l'émoi ! La transparence, désormais obligatoire, aura naturellement pour conséquence une plus grande modération, ce qui témoigne *a contrario* des excès autorisés par l'opacité. Les *managers* se sont, ces dernières années, laissés aller sans que les mécanismes, destinés à servir d'antidotes, fonctionnent : qui oserait le nier ?

Autre témoignage d'un désarroi moral : une relative impunité, face aux échecs les plus patents. Certes, les désastres de Vivendi Universal ou du Crédit lyonnais se sont soldés par le départ de leurs présidents. Mais que d'atermoiements pour parvenir à un résultat aussi évident ! Que de réflexes de solidarité, dont les auteurs se sont faits, depuis lors, discrets afin de retarder les échéances ! Que d'aveuglement, délibéré ou non, afin de décaler, voire d'éviter, la sanction ! Sans la pression des marchés financiers et des analystes boursiers, rien ne se serait peut-être passé, tant l'habitude de chasser en meute demeure forte.

Les mêmes réflexes d'autodéfense jouent, d'ailleurs, à l'intérieur des médias, quand ceux-ci sont concernés : quelles sanctions encourt un patron de rédaction qui s'est fourvoyé dans une diffamation violente ? Quelle autodiscipline cette profession pratique-t-elle, fût-ce au plus haut niveau de responsabilité ? Rien ne se passe : « l'indépendance » est une utile feuille de vigne. Et le monde universitaire ? Il faut aller jusqu'à l'énoncé des pires thèses révisionnistes pour obliger à un minimum de sanction : ce sont, cette fois-ci, les séculaires franchises universitaires qui ont bon dos. Et les hommes politiques que la justice a condamnés pour enrichissement personnel ? Une fois purgées peine de prison et inéligibilité, le système les récupère : les revoilà fringants devant le suffrage universel et, en général, réélus. Les hauts fonctionnaires responsables d'erreurs graves, les magistrats coupables de fautes avérées, les dirigeants incapables de certains services publics ? Ils quittent leurs fonctions exécutives, reviennent dans leur corps d'origine, se font oublier quelques brèves années et remontent sur le pavois.

Sans doute chaque cas est-il particulier, la quête d'équité ne se confond-elle pas avec le désir de vengeance sociale, l'exigence de responsabilité peut-elle cacher de sordides arrière-pensées, mais nul ne peut nier l'impression que donnent les élites d'être plutôt moins sanctionnées que les citoyens ordinaires. Nous connaissons tous le contre-argument : lorsque la justice intervient, elle a la main plus lourde avec les privilégiés, se plaisant à multiplier les gardes à vue ostentatoires et les détentions provisoires à grand spectacle. C'est exact, mais si les élites avaient fait plus efficacement leur propre police, elles auraient ouvert un espace moins grand aux juges devenus le bras armé des pulsions populistes. Comment expliquer l'inconscience d'individus supposés plus intelligents, plus à même de comprendre la société ? Un sentiment d'impunité ? Une incapacité à percevoir les pulsions collectives ? Un côté « encore une minute monsieur le Bourreau » ? La perte de certains repères moraux ? La conviction de vivre la fin d'une époque et de vouloir égoïstement en tirer le meilleur parti ? L'abandon de la fierté collective qui conduisait les élites à se vouloir plus vertueuses et donc plus exemplaires ? La renonciation au sentiment d'exercer une mission historique ? Le sentiment de n'être plus qu'un collectif d'individus sans ambition autre que la défense des intérêts personnels ? Toutes ces raisons jouent :

aucune ne témoigne d'une élévation soudaine des âmes...

Si les élites traditionnelles incarnaient comme à certains moments un projet collectif, sans doute leur vertu aurait-elle été plus pérenne. Où est l'esprit qui a présidé à la reconstruction de l'après-guerre ? Plus le pouvoir politique était exsangue, plus les élites se sentaient en charge du destin du pays. Où est l'atmosphère de modernisation des années soixante ? De part et d'autre d'une ligne de démarcation entre gaullistes et antigaullistes s'activait une classe dirigeante mue par un même désir de transformation et d'adaptation. Où est le climat pro-européen des années quatre-vingt qui a donné le sentiment, pendant de brèves années, d'une ambition collective ? La France fonctionnait à l'époque à l'instar de l'Espagne contemporaine dont les dirigeants, quelles que soient leurs rivalités, sont portés par le sentiment commun de peser sur l'Histoire.

Quel est aujourd'hui notre projet ? A quoi rêvons-nous, membres des élites anciennes, avant d'être engloutis, tels des petits dieux, par le crépuscule ? Nous ne savons pas comment sublimer notre égoïsme. Le voulons-nous encore ? En sommes-nous capables ?

L'Europe aurait dû être notre horizon, au-delà

du court moment de grâce de la monnaie unique. Mais où sont ses prophètes intellectuels, ses militants associatifs, ses vecteurs politiques, ses rêveurs, ses zélotes, ses enthousiastes ? Ce n'est qu'une figure obligée du discours ambiant et depuis la catastrophe du référendum, chacun la manie avec des « pincettes », telle une substance explosive. L'absurde rhétorique qui veut voir dans le vote du 29 mai une révolution anti-élitiste, crée, chez les responsables, un complexe de culpabilité. A croire que 45 % des Français incarnent l'élite honnie !

L'Europe remisée – temporairement, espérons-le – au magasin des accessoires, que reste-t-il ? La volonté de s'adapter au monde qui vient, le désir de retourner à notre profit la pression de la mondialisation ? Ce sont des ambitions honteuses et inavouées. Nul n'a fait plus que François Mitterrand pour obliger la gauche traditionnelle à accepter la réalité ; il n'a pourtant jamais assumé ce choix, tenant même des discours inverses, s'abritant derrière une illusoire « parenthèse ». Quant à Jacques Chirac, il se proclame – chacun le voit – l'apôtre d'un modèle qu'il est assez expérimenté pour savoir suranné. Aucun homme politique n'ose entamer l'antienne de la compétition salutaire. Les chefs d'entreprise le font *mezza voce*. Demeure une poignée de journalistes et d'intellectuels, capables de faire entendre leur petite musique mais inaptes à porter un projet collectif. Existe-t-il néanmoins un autre horizon mobilisateur ? Non bien sûr, sauf à verser dans les idéologies du refus, à rejoindre la cohorte du mouvement anticapitaliste et l'immense alliance de ceux qui refusent de voir le monde tel qu'il est. Ce n'est évidemment pas le rôle des élites, à moins qu'elles croient absurdement que leur survie passe par le ralliement à ceux-là mêmes qui les contestent : posture déshonorante et absurde. Mais sans projet collectif, comment survivre ? Comment se grandir ?

Telle est en réalité la nouvelle trahison des clercs. De même que Julien Benda pouvait reprocher à ses pairs d'abandonner leur mission au service des droits de l'homme au profit des nations, des races et des classes sociales, de même les clercs d'aujourd'hui, c'est-à-dire la classe dirigeante, déserte-t-elle le champ de bataille qui devrait être le sien, la modernisation au profit de compromis idéologiques boiteux avec ses adversaires. A ainsi se dérober, elle accélère un déclin par ailleurs irréversible.

6

Ce sont les hommes qui font l'Histoire

Les anciennes élites en pleine déliquescence, une élite de notoriété en ascension mais au fonctionnement ambigu, une hyperdémocratie tutélaire : la tentation est grande d'imaginer que la société fonctionne en pilotage automatique et qu'une fatalité imprécise la gouverne. Illusion : le poids des individus n'a jamais été aussi grand. Il existe un phénomène de vases communicants entre la force de la classe dirigeante et l'espace laissé aux hommes d'exception. Plus la première est impérieuse et sûre d'elle-même, plus elle se contente de porte-voix. Plus elle est sur la défensive, plus les interstices du système et les mailles du filet social sont larges : les individus reprennent la main, s'ils en ont le talent. Ce n'est certes pas la résurrection des « grands hommes » qui se profile, personnages mythiques pour des périodes d'exception, mais l'apparition de joueurs d'un nouveau style, symboliques, inattendus, imprévisibles, étranges pirates, bizarres *condottieri*, personnalités aux singularités absolues.

La société a, comme souvent, une meilleure intuition des courants souterrains que ses dirigeants. De là un intérêt pour les personnes dont témoignent autant le succès, chaque jour plus affirmé, de la « presse people » que l'audience des biographies les plus exigeantes et les plus longues. Quel pied de nez à la vulgate marxiste ! Nous avons dû apprendre, pendant des décennies, que les forces sociales étaient tout et les hommes rien, que la dialectique serait toujours triomphante et qu'il y aurait éternellement des classes sociales pour s'affronter. Les élites traditionnelles trouvaient naturellement leur place dans ce panorama : repoussoir, bouc émissaire, ennemi de classe, leur rôle était écrit et leur partition connue. Fin de la représentation : la classe dirigeante sort de scène et le primat revient aux individus. Ce sont des personnalités atypiques que la société recherche à tâtons, à travers son intérêt soudain pour les destins individuels : personnalités emblématiques, personnalités frisant la sainteté, personnalités écrasantes, personnalités incarnant des mythes vivants, de la science à la richesse, de l'art au fantasme médiatique. L'élite de notoriété ne naît ni de rapports de force sociaux, ni de processus méritocratiques, ni de la transmission, nous le savons, d'un capital financier ou culturel : c'est un produit de la société et du « média-monde ».

Mais la notoriété crée des situations qui obligent ceux qui en bénéficient. Ainsi, dans le monde financier, les *tycoons* pèsent-ils davantage par l'exemple qu'ils donnent, le mythe qu'ils incarnent, la démarche qu'ils suivent que par les entreprises sous leur contrôle. La référence Buffett conditionne l'attitude des investisseurs, suscite un phénomène de « suivisme », fabrique des emballements boursiers, incarne une philosophie de l'argent dont se réclament d'innombrables imitateurs. Lorsque Murdoch annonce que la presse écrite est condamnée à long terme et qu'il n'aura de cesse de créer pour son groupe une position forte sur Internet, les gestionnaires d'entreprises de médias réexaminent tous leur stratégie et remettent « la toile » au centre de leurs préoccupations. Lorsque George Soros rend publique une position prise sur telle ou telle monnaie, il veut créer une *self fulfilling prophecy* – une prophétie autoréalisatrice –, pariant sur l'effet d'entraînement de son propos et donc la certitude que, sous la pression d'achats imitant les siens, le cours de change ira dans la direction souhaitable à ses yeux. Quand Bill Gates énonce un jugement sur l'évolution de l'informatique, les acteurs du secteur ont beau savoir que celui-ci ne sera pas contradictoire avec les intérêts de Microsoft, ils le prennent néanmoins pour argent comptant et l'intègrent à leurs propres stratégies.

La notoriété fabrique, nous le savons, l'influence, et l'influence l'imitation. Les marchés sont moutonniers : ils aiment trouver des chefs de file. Ce qui vaut outre-Atlantique se produit aussi à notre échelle. Il suffit qu'un de nos capitalistes emblématiques bouge, pour qu'une horde de disciples apparaisse immédiatement. Mais au-delà des mouvements de foule boursiers qu'elles provoquent, ces figures symboliques servent aussi de références. Exemples pour les uns ; ennemis jurés pour les autres. Ils contribuent à cristalliser les débats collectifs.

Le même phénomène se produit avec les grands acteurs de la société civile, mais peut-être avec une intensité différente, car l'opinion est moins fébrile que le marché, moins avide d'exemples. Cela étant, un *French doctor* pèse désormais davantage comme prédicateur au service de la morale qu'un cardinal archevêque de Paris. L'individu, porté par une simple organisation non gouvernementale, bénéficie presque par définition d'un crédit supérieur à celui d'une institution. S'il a su accomplir quelques-uns de ces actes qui mêlent bravoure et sens du théâtre, il est, comme l'a montré Bernard Kouchner, irrésistible. A ceci près que le capital de confiance ainsi accumulé dans le pays n'est pas aisé à utiliser : les personnages les plus aimés de la scène publique sont ostracisés par les professionnels de la politique et donc cantonnés à une fonction symbolique. Mais il leur reste le droit de délivrer des prêches à la société, depuis cette chaire contemporaine qu'est devenue la télévision.

Scientifiques télégéniques, intellectuels médiatiques, patrons charismatiques, journalistes détenteurs d'un viager sur le « vingt heures » : autant de personnalités qui peuvent essayer de faire un bon usage de leur notoriété, comme elles savent s'y employer à leur propre profit. Ce sont, pour les causes d'intérêt général, un immense renfort. La notoriété ne s'accompagnant, de ce point de vue, d'aucun préjugé de classe, Zidane vaut à lui seul dix Prix Nobel et Nagui tous les auteurs de la liste hebdomadaire des best-sellers. Est-ce un progrès ? Ce n'est pas la question ; c'est un fait.

Les institutions traditionnelles ne rêvent que de transformer leur position et de voir leurs patrons passer subrepticement de l'élite d'autorité à l'élite de notoriété : elles ont à juste titre la conviction qu'une fois réussie une telle métamorphose, l'influence sur le monde d'aujourd'hui vaudra largement le pouvoir de style ancien. De là une passion toute nouvelle pour la communication, le lobbying, les parcours fléchés où s'édifie la notoriété. Ainsi la transparence prend-elle le pas, dans cette perspective, sur le goût du secret et la liberté d'allure sur la langue du parti. L'époque est finie qui voyait la gloire aller vers les professionnels du mystère : Ambroise Roux n'est plus de notre temps. Langage de vérité, franchise, provocations contrôlées : ce sont les ingrédients de la notoriété. L'insinuation, la perplexité, le secret, toutes caractéristiques d'autrefois : à proscrire !

La notoriété, en effet, se conquiert, se conserve et se perd : rien n'est jamais acquis. Il n'existe ni filière, ni filiation pour la conserver : de là une élite plus ouverte, c'est-à-dire une communauté d'individus en perpétuel renouvellement. Les personnalités hors du commun y pénètrent-elles plus facilement que dans les élites traditionnelles ? A certains égards, sans doute : cela ne dépend que d'elles. Il leur faut certes s'accommoder des contraintes de l'environnement et des codes du moment, mais elles n'ont pas à franchir la course de haies de la cooptation. Car les élites traditionnelles ont souvent rejeté les individus hors normes, au profit du choix permanent du premier de la classe, du *primus inter pares* ou du plus petit commun dénominateur. Avec, pour seule échelle de valeur, la notoriété, le jeu est évidemment plus ouvert : fini le critère du « meilleur d'entre nous », le premier de la classe, comme Jacques Chirac l'avait reconnu avec ingénuité à propos d'Alain Juppé. La notoriété ne rime certes pas avec l'équité : elle va parfois à des individus sans intérêt ; elle laisse souvent sur le chemin des caractères exceptionnels. Mais, avec elle, l'individu redevient maître de son avenir : il peut la conquérir, la rater, la récupérer, la perdre à nouveau... Sans doute lui faut-il faire maintes concessions, voire des compromissions. Cet élitisme n'est pas le juge de paix le plus incontestable, mais au moins n'est-il ni corporatiste, ni pétri de préjugés, ni caricaturalement bourgeois, ni viscéralement conservateur.

Les élus de la notoriété ne forment pas une classe dirigeante. Ce sont des personnalités que rien ne lie entre elles : ni une même génétique sociale, ni des réflexes de clan, ni des corporations multiples, ni des intérêts communs, ni des solidarités culturelles. Elles n'ont aucune raison de se croiser et de se fréquenter. La notoriété est, pour eux, un simple accélérateur d'influence, au-delà de pures gratifications narcissiques. Elle n'est l'équivalent ni du concours d'entrée dans une grande école, ni *a fortiori* du sésame pour un grand corps d'Etat. Parvenue seule à la notoriété, une personnalité la vivra solitaire et le sera encore plus, quand la gloire l'aura abandonnée. Ce n'est donc plus une classe qui régit la société, mais une collection d'individus qui la surplombe.

Nous sommes loin des présupposés hegéliens dans *La Raison dans l'Histoire* : « Les individus disparaissent pour nous et n'ont de valeur que dans la mesure où ils ont réalisé ce que réclamait l'Esprit du peuple. Dans la considération philosophique de l'histoire, on doit éviter des expressions de ce genre : cet Etat ne se serait pas effondré s'il y avait eu un homme qui, etc. Les individus disparaissent devant la substantialité de l'ensemble et celui-ci forme les individus dont il a besoin. Les individus n'empêchent pas qu'arrive ce qui doit arriver. »

Le philosophe d'Iéna avait tort : l'Histoire n'a cessé de lui apporter, en deux siècles, mille démentis, mais jamais à ce point. La balle est revenue dans le camp des individus. Ceux-ci ne sont naturellement pas des atomes isolés, perdus dans un éther social : les pesanteurs économiques, l'atmosphère collective, les traditions historiques bornent leur liberté. Mais, paradoxe inattendu dans une société aussi complexe, jamais les individus n'ont été aussi libres et seuls. Libres d'agir, d'entreprendre, de créer. Seuls, car aucune solidarité de classe, aucun clan, aucune

« mafia » ne les emprisonnent. Appartenir à l'élite de notoriété est un état de fait, non un carcan ; c'est un levier, non un cahier des charges.

Ce qui est vrai dans les affaires, les sciences, les activités culturelles, l'est-il aussi dans le domaine politique ? Le penser, c'est évidemment aller à rebours de la conviction habituellement proclamée que nous vivons dans des sociétés autorégulées, que les marges de manœuvre de l'action publique sont insignifiantes, que les hommes d'Etat sont devenus de simples rouages et donc que les grands hommes sont sortis du jeu. D'une certaine manière, Fukuyama aurait eu tort, en matière de relations internationales, et raison, pour la vie en société : nous vivrions « la fin de l'histoire ». Il est tellement commode, pour un monde politique épuisé, de penser ainsi.

Et pourtant quelle erreur ! La même règle s'applique désormais à la classe politique qu'aux autres composantes de la classe dirigeante. Collectivement son pouvoir s'est érodé, mais individuellement le jeu s'est ouvert, du moins pour ceux qui portent en eux un chromosome un peu exceptionnel. Celui-ci n'est plus celui de la gloire ou de la posture mythologique comme autrefois ; il peut prendre deux formes : soit le sens des circonstances, soit une obstination hors normes. Et il se glisse désormais chez des personnages en apparence d'une rare banalité.

Les circonstances : nul ne les avait davantage en tête qu'Helmut Kohl, quand il se plaisait à répéter un mot de Bismarck au moment du processus d'unification allemande : « Lorsque Dieu arpente les sentiers de l'Histoire, il faut l'attraper par les bords de sa chemise. » Qui aurait imaginé que ce géant débonnaire bouleverserait le destin de son pays, non seulement en l'unifiant à marche forcée, mais aussi en le préservant de ses démons nationaux, grâce à un ancrage qu'il a rendu encore plus européen, avec l'acceptation, puis la réalisation de la monnaie unique ? Ce n'est pas la classe dirigeante allemande qui a réussi cette martingale, même si elle s'est reconnue dans la démarche de Kohl ; ce n'est pas davantage le monde politique mis devant le fait accompli ; c'est un homme seul, maniant le secret lorsqu'il rend publics ses « Dix Points », faisant les véritables arbitrages, pratiquant une diplomatie du tête-à-tête.

De même n'est-ce pas l'élite espagnole qui a initié la transition démocratique à la mort de Franco ; c'est Juan Carlos, à l'étonnement de tous. Il l'a voulue, a senti le moment, en a assumé le poids politique. Une fois le cap fixé, les élites ont embrayé sur un mouvement qu'une partie d'elles-mêmes souhaitait, mais qu'elles n'imaginaient ni si rapide, ni si ambitieux. Et encore, en

Allemagne comme en Espagne, les classes dirigeantes étaient-elles au firmament de leur puissance.

Quand aurait eu lieu la fin de l'apartheid, si Frederik De Klerk ne l'avait anticipée ? Elle était, bien sûr, inscrite dans les astres mais chacun l'imaginait, à l'époque, se produisant au terme d'un processus violent et convulsif. Prenant son pays à contre-pied, la menant au pas de charge, le président sud-africain en a fait un miracle politique. Dans ce cas, la classe dirigeante n'était même pas intellectuellement au diapason de son président : elle a accepté le processus, davantage qu'elle ne l'a accompagné.

Gorbatchev relève-t-il de cette espèce ? Sans doute a-t-il eu le rôle le plus important en signant la mort du communisme. Mais lui a subi l'événement autant qu'il l'a voulu. Il a initié un mouvement sans en deviner le rythme et la fin. Il n'a fait que valider le vieux précepte de Tocqueville selon lequel un régime despotique atteint son point extrême de faiblesse quand il commence à se réformer. Gorbatchev n'est, à la différence des autres, qu'un symbole et non un accoucheur.

Ce n'est pas, une fois de plus, l'élite qui a fait l'Histoire. Ni Kohl, ni Juan Carlos, ni De Klerk n'incarnent le stéréotype du grand homme version churchillienne ou gaullienne : ce sont des révolutionnaires dans une enveloppe de bourgeois bonasses alors que, parfois, certains membres de l'élite sont des bourgeois avec une allure de révolutionnaires...

Le second chromosome atypique est l'obstination hors normes. Les élites britanniques n'étaient pas, en 1979, thatchériennes ; elles correspondaient encore au stéréotype du « tory wet » – le conservateur humide – qui avait gouverné le Royaume-Uni pendant des décennies. Elles ont dû s'adapter à la volonté quasi inhumaine de la « Dame de fer », elle aussi une révolutionnaire à sa manière, derrière une allure de petite-bourgeoise anglaise avec ses bigoudis. Ce n'est pas l'intelligence stratégique ou tactique de Mrs Thatcher qui a métamorphosé l'Angleterre, mais son incroyable ténacité. Certains n'ont qu'un chromosome partiel de l'obstination : ainsi de François Mitterrand, porté au compromis sur tout, sauf sur la peine de mort, l'anticommunisme et la construction européenne.

Les élites traditionnelles ne sont pas obstinées : leur tempérament les porte naturellement à l'accommodement. Si un individu ne fixe pas le cap de la boussole sur quelques buts simples et bouleversants, ce n'est pas la classe dirigeante qui le fera. Mais s'en tenir à une vision manichéenne et par définition réductrice, est politiquement coûteux : la persévérance coûte cher dans les sondages, même si elle est parfois récompensée dans les scrutins. Encore faut-il accepter ce risque et admettre les règles du poker électoral.

Nous avons, nous Français, perdu l'habitude depuis une décennie, de voir nos hommes politiques, de droite ou de gauche, saisir les circonstances – ils peuvent arguer qu'elles ne se sont pas présentées – ou faire preuve d'obstination au service d'idées claires : ils n'ont manifesté, en effet, ni vision, ni ténacité. De là la conviction, généralement répandue, que la politique n'a plus d'espace et que le poids des hommes publics est insignifiant : comment s'étonner, dès lors, que depuis 1978, tel un insomniaque qui ne cesse de changer de côté pour trouver le sommeil, la France pratique l'alternance à chaque scrutin ? Si rien ne vaut rien et tout équivaut à tout, pourquoi ne pas modifier, sans répit, la distribution de la pièce, au moins à titre de distraction ? Le processus de sélection politique français permettra-t-il à des individus, porteurs de chromosomes atypiques, d'émerger ? Ou verra-t-on les mécanismes d'autodéfense du milieu, préserver la rente des « plus petits dénominateurs communs », ce qui aboutirait au paradoxe que la seule composante de la classe dirigeante à se maintenir en l'état et à ne pas s'effacer devant l'émergence de personnages hors normes serait le monde politique ? Ce serait doublement dommageable : pour l'action publique au premier chef, mais aussi à titre symbolique. La politique jouant un rôle encore exorbitant, ses dysfonctionnements apparaîtraient ceux du pays entier : chacun croirait que l'ensemble des élites s'accroche à des positions d'ores et déjà perdues, à l'instar des politiques, quitte à nourrir, s'il en était davantage besoin, le populisme.

La disparition des élites traditionnelles, ce crépuscule des petits dieux, sonne définitivement le glas des classes sociales, telles que la vulgate marxiste nous les avait fait considérer. La classe ouvrière s'était effacée la première : on pouvait en déduire la victoire, à rebours des prophéties militantes, de la classe dirigeante. Nul n'aurait envisagé, à l'époque, qu'elle serait elle aussi engloutie, du fait de ses écarts de conduite mais surtout sous la pression d'une hyperdémocratie balayant tout sur son passage. Ultime avatar de l'effondrement du fatalisme social qui, depuis le XIXe siècle, conditionne notre vision du monde : nous redécouvrons que ce sont les hommes et non les classes et les structures qui font l'Histoire.

Etonnant chassé-croisé : les élites disparaissent, les personnalités ressuscitent. Clemenceau pouvait écrire à Marx : « Je suis pour le développement intégral de l'individu. Quant à me prononcer pour votre appropriation intégrale du sol, du sous-sol, etc., non, non, non ! Je suis pour la liberté intégrale et je ne consentirai jamais à entrer dans les couvents et les casernes que vous entendez nous préparer ». C'est lui qui a gagné. Qui aurait pensé que la vie donnerait raison au vieux radical sceptique, contre le prophète de la lutte des classes, et qu'il faudrait attendre l'évanouissement de la classe dirigeante pour rendre le verdict incontestable ? Qui aurait cru que le pape du radicalisme serait plus moderne que le père du marxisme ? Qui aurait imaginé le député de Belleville plus anticipateur que le fondateur de l'Internationale communiste ? Et pourtant rien n'est plus naturel : Clemenceau croyait au primat des individus car il était lui-même une force qui va. Il appartenait avec un siècle d'avance à la cohorte des personnalités singulières auxquelles la disparition des élites traditionnelles ouvre la voie. Il en avait les traits : le côté loup solitaire, l'ego, l'originalité. Confronté aux médias qui fabriquent l'élite de notoriété, il aurait même, chacun le devine, fait un triomphe. Une myriade de « Clemenceau modèle XXIe siècle » célèbres, indifférents les uns aux autres, dénués de réflexes tribaux, ne chassant pas en meute. Des « Clemenceau » dans le monde économique, dans les médias, dans l'univers intellectuel et accessoirement dans la politique : serait-ce l'élite de demain ?

CONCLUSION

Avec le crépuscule des petits dieux, une authentique révolution se déroule subrepticement sous nos yeux. La disparition des élites de pouvoir n'est pas un phénomène anodin. Elle conditionne l'évolution de la société bien davantage qu'une alternance politique ou une mutation technologique. Faut-il s'en réjouir au nom du rêve de la société sans classes, et donc, entre autres, sans classe dominante ? Devons-nous nous en inquiéter par crainte de vivre dans un navire privé de sa quille sociale et donc sans stabilisateur ? La notoriété est-elle durablement plus démocratique que l'élitisme républicain ? L'émergence d'individus singuliers, corsaires de haute lignée passés par le filtre de la modernité, suscitant l'admiration et la jalousie, suffit-elle à fonder un ordre social ? Existe-t-il encore un intérêt collectif quand nul ne s'en estime responsable ? Une société plus autorégulée que dirigée, plus spontanée que hiérarchisée, plus incontrôlable que structurée, fonctionne-t-elle mieux ? Marcel Gauchet avait aperçu le *Désenchantement du monde* dans l'effacement du religieux ; la disparition des élites rime-t-elle avec un inattendu « réenchantement » du même monde ?

Ce sont des interrogations abyssales qui appellent une réaction à la Woody Allen : « La réponse est oui, mais rappelez-moi la question... » Se réfugier dans la nostalgie de l'ordre ancien est absurde. Céder au culte naïf d'une société toujours en progrès est illusoire. Extrapoler quelques indices d'une plus grande démocratisation est naïf.

Nous plongeons dans l'inconnu. Avec optimisme ou pessimisme ? Alternative superflue penseront d'aucuns : la réalité commande ; les états d'âme n'importent guère. Je ne partage pas ce fatalisme : une révolution vécue avec bonheur ne se déroule pas comme si elle avait l'angoisse pour toile de fond. Au jeu sans fin des paris pascaliens je mise, pour ma part, sur l'optimisme : cette société sans élite traditionnelle, donc sans nous, ne devrait pas manquer de charme.

TABLE

Cet ouvrage a été imprimé par

FIRMIN DIDOT

GROUPE CPI

Mesnil-sur-l'Estrée

pour le compte des Éditions Grasset
en décembre 2005

Composition et mise en page

NORD COMPO
multimédia

Imprimé en France
Dépôt légal : décembre 2005
N° d'édition : 14075 - N° d'impression : 77162
ISBN : 2-246-70261-5